Debra Doyle
et James D. Macdonald

Le secret de la tour

Traduit de l'anglais par Anne Delcourt

LE CERCLE MAGIQUE 2

BAYARD JEUNESSE

Illustration de couverture
Julien Delval

Ouvrage publié originellement par Troll Communications LLC
sous le titre : *Circle of Magic : Secret of the Tower*

3, rue Bayard, 75008 Paris
ISBN : 2 7470 1363-4
Dépôt légal : mai 2004

Loi 49 956 du 16 juillet 1949 sur les publications destinées à la jeunesse

Chapitre 1 : Garçon d'écurie

Paf ! Du plat de la main, Randal écrasa sur son épaule un taon qui prétendait se régaler de son sang.

– Et d'un ! compta-t-il à voix haute.

Il évalua l'essaim planant tout autour de lui :

– Plus que trois ou quatre mille…

Le soleil de cette fin d'après-midi tapait dur sur le Basilic, une petite auberge de campagne située à quelques jours de cheval de Tavenne, près des montagnes bordant l'est du royaume de Carnouguel. L'écurie empestait le purin et la paille en décomposition, et de grosses mouches au vol paresseux vrombissaient dans l'air lourd. Autrefois écuyer au château de son oncle, à Doun, Randal venait de passer trois ans comme apprenti sorcier à la Schola Sorceriae, l'école de sorcellerie de Tarnsberg, sur la côte Ouest. Soulevant avec peine une fourche remplie de fumier par-dessus son épaule, il se demanda pourquoi il était un jour parti de chez lui.

À quinze ans, Randal avait la carrure et la haute taille de ceux qui ont été bien nourris depuis leur petite enfance. Pour lors, son visage était presque entièrement recouvert d'une couche de poussière grise, et ses longs cheveux emmêlés étaient plaqués dans son cou par la transpiration. Randal s'était attelé au nettoyage de l'écurie peu après le départ de deux riches marchands. Le valet d'écurie attitré du Basilic, qui aurait dû être en train de travailler avec lui, ne s'était toujours pas montré.

– Rien à faire, grommela Randal. J'ai besoin d'une pause.

Il appuya la fourche contre le mur et s'essuya les mains sur sa tunique. Ces derniers temps, sa paume droite lui faisait mal au moindre effort physique. Il inspecta la cicatrice rouge et enflée qui la barrait. Partant du bas de la main, du côté opposé au pouce, elle remontait en diagonale jusqu'à la première phalange de l'index.

Randal serra et desserra le poing pour soulager la crampe qui tiraillait la chair mal cicatrisée. Si seulement il n'avait pas empoigné par la lame l'épée de cérémonie de maître Laerg… S'il ne s'était pas servi de ce symbole magique comme d'une arme pour tuer le sorcier renégat, avant que celui-ci ne détruise par ses sortilèges Randal lui-même, mais aussi toute l'école de sorcellerie avec lui... Si seulement... Mais, s'il n'avait pas agi ainsi, il serait mort, à présent, et le royaume de Carnouguel serait sous l'emprise du pouvoir maléfique de Laerg.

« Tout plutôt que cela ! Même si je devais trimer ici jusqu'à la fin de mes jours », pensa Randal.

Il reprit la fourche et continua de déblayer la paille. Tout en travaillant, il se consola à l'idée que le lendemain, ou le surlendemain, il serait de nouveau sur les chemins, loin du Basilic et de son écurie nauséabonde, et tout près, enfin, d'atteindre son but.

La magie.

Plus que tout au monde, Randal désirait être un sorcier, un spécialiste des sorts et des enchantements permettant de modifier la texture des choses ou, de façon plus pratique, de nettoyer une écurie d'un claquement de doigts. Il avait étudié avec assiduité les arts de la magie à la Schola de Tarnsberg, avant de violer la plus ancienne loi de la sorcellerie : celle qui interdisait à un sorcier d'attaquer ou de se défendre à l'arme blanche.

Son geste avait sauvé la Schola de l'anéantissement, et les régents, les maîtres sorciers qui dirigeaient l'école, ne s'étaient pas montrés ingrats : ils avaient élevé Randal au rang de compagnon sorcier, lui permettant ainsi d'entamer la deuxième étape du long chemin que devait parcourir un apprenti pour devenir maître sorcier. Mais ils avaient aussi fait autre chose.

Ils lui avaient retiré le droit d'exercer la magie. Tant qu'il n'aurait pas obtenu la permission du sorcier Balpesh, un ancien régent de la Schola qui vivait désormais en ermite aux environs de Tavenne, Randal ne pourrait se servir ni de ses compétences ni de sa formation, quelle qu'en soit la nécessité.

Randal écrasa un autre taon. Là-bas, à Tarnsberg, n'importe quel apprenti de deuxième année était capable de se débarrasser de ces importuns avec un sort des plus élémentaires. Lui-même l'aurait fait sur-le-champ, si sa seule volonté ne l'avait pas retenu.

Les régents ne l'avaient soumis à aucun sort d'entrave pour le forcer à observer cette interdiction. Ils avaient fait beaucoup plus simple, et beaucoup plus dur à la fois : ils lui avaient demandé sa parole, et il la leur avait donnée.

« Un sorcier ne ment pas, songea Randal en se penchant de nouveau sur sa besogne. Même si je ne peux pratiquer la magie pour le moment, je reste un sorcier. Les régents eux-mêmes l'ont dit. »

Randal avait décidé de devenir sorcier le jour où Madoc le Voyageur, un maître sorcier, avait fait halte au château de Doun. Son respect de la parole donnée, en revanche, remontait bien plus loin. Son oncle, messire Alyen, frère du baron de Doun, n'avait jamais proféré un mensonge en présence de son neveu. Et messire Palamon, le maître d'armes du château, à qui incombait la rude tâche de métamorphoser des écuyers en chevaliers, et des paysans maladroits en soldats chevronnés, traitait les menteurs et les parjures avec des méthodes bien à lui.

« Messire Palamon aspirait à la perfection, pensa Randal. En toute chose. Si jamais il découvrait une écurie dans cet état, il clouerait le valet d'écurie au mur par la peau du cou. »

Plus d'une fois, au cours du long voyage vers l'est qu'il avait entrepris depuis Tarnsberg, Randal s'était presque surpris à regretter d'avoir quitté le château et la baronnie de Doun. S'il y était resté, il serait bientôt chevalier, à présent. Messire Palamon lui-même n'avait-il pas jugé, autrefois, que l'avenir de Randal s'annonçait prometteur ?

« Mais il a fallu que je fasse le malin. Vivre dans l'aisance jusqu'à la fin de mes jours ne me suffisait pas. »

Il fit voler une nouvelle fourchée de fumier par-dessus son épaule.

« Je voulais comprendre les mystères de l'univers. »

Randal inspira longuement par la bouche ; l'odeur était trop infecte pour qu'on puisse respirer autrement. Il balaya son front d'un revers de main, essayant en vain d'éponger la transpiration qui lui brouillait la vue.

– Les mystères de l'univers, ha ! ricana-t-il. M'y voilà jusqu'aux genoux, dans les mystères de l'univers !

Il pouffa à cette pensée. Dans la poussière de l'écurie, son rire s'étrangla, avant de se muer en quinte de toux. Il sortit en titubant à l'air frais et au soleil. Il toussait si fort qu'il perçut à peine le tintement des rênes et le martèlement des sabots quand un trio à cheval pénétra en trombe dans la cour de l'auberge.

L'ombre des cavaliers passa devant lui en caracolant, masquant la lumière. À travers les larmes provoquées par sa quinte, il distingua des couleurs vives et des motifs chamarrés. Une fois sa toux apaisée, il entendit une voix lui beugler dans les oreilles :

– Garçon ! Holà, garçon ! Occupe-toi des chevaux, te dis-je !

Randal se tourna vers celui qui l'interpellait. C'était un jeune homme d'un ou deux ans son aîné, tout au plus. Une main gantée posée sur la garde de son épée, il arborait la ceinture, les éperons et la chaîne d'un chevalier.

« Voici donc le genre d'hommes dont on fait aujourd'hui des chevaliers, se dit Randal. Messire Palamon avait raison. Les valeurs de la chevalerie se perdent à la vitesse d'un torrent dévalant la montagne. »

Le jeune homme n'apprécia guère le coup d'œil critique de Randal.

– Regarde-moi encore une fois de cette façon, garçon, et je te gifle à te décrocher la tête. Emmène ces chevaux, et sans traîner. Leur bien-être compte plus que ta misérable vie.

Randal baissa les yeux. Il saisit les rênes qu'on lui tendait et garda ses réflexions pour lui. Le valet d'écurie du Basilic, que Randal était censé assister, accourut à la rescousse, se répandant en courbettes et bredouillant des flatteries à l'adresse des nobliaux.

En dépit de l'empressement déployé par le valet, le plus gros du travail retomba sur Randal. Il mena les chevaux à l'écurie, les bouchonna et les brossa. Puis le valet d'écurie lui fit étaler de la paille fraîche et remplir les mangeoires de foin. Quand Randal en eut terminé, le soleil était presque couché, et il dut aider à fermer les portes de la cour.

Ainsi barricadée, l'auberge ressemblait davantage à une petite forteresse qu'à un lieu voué à l'hospitalité. Cependant, personne dans ces murs n'aurait songé à s'en plaindre. Aucun honnête homme dans tout le pays ne se risquait à voyager de nuit. Certains soutenaient qu'autrefois, avant la mort du grand roi, les bêtes sauvages ne quittaient jamais les profondeurs de la forêt, et qu'on pouvait traverser le royaume à pied, une bourse d'or accrochée à sa ceinture, sans craindre les voleurs. Mais, si une telle époque avait réellement existé, elle était depuis longtemps révolue. Et, dans la mesure du possible, les voyageurs passaient la nuit derrière des portes verrouillées à double tour.

Randal se rendit ensuite à la cuisine, derrière la salle commune. Depuis qu'il avait pris la route comme journalier itinérant pour gagner Tavenne, il n'entrait plus où que ce fût par la porte principale. Dans la cuisine, il dut récurer les casseroles du dîner. Presque deux heures plus tard, il reçut enfin son repas du soir : une maigre portion de viande brûlée, agrémentée de pain détrempé.

Randal se retira avec sa pitance dans un coin de la cheminée, où il engloutit le pain et la viande malgré son dégoût. Comme d'habitude, sa faim était loin d'être apaisée lorsqu'il eut terminé. Il se remémora avec nostalgie les repas de la Schola. De même que la plupart des apprentis, il avait bougonné contre le régime ordinaire et insipide de l'école. Mais la nourriture y avait toujours amplement suffi pour caler le ventre le plus creux.

– Si j'avais su alors ce que je sais aujourd'hui..., grommela-t-il.

Le cuisinier lui jeta un regard assassin, et il se tut.

Après avoir mangé, il traversa la cour pour retourner à l'écurie, où il dormait. Après la chaleur étouffante qui avait régné tout l'après-midi, une brise nocturne s'était mise à souffler dans la cour obscure. Randal frissonna. Son estomac émit un gargouillement de protestation contre l'insuffisance du dîner; mais, faute de pouvoir satisfaire son ventre vide, il résolut de l'ignorer.

Il ne pouvait s'empêcher de se rappeler ce que Madoc le Voyageur lui avait dit à l'époque où il n'était qu'un écuyer au château de son oncle, et où un avenir de sorcier lui apparaissait comme un rêve de gloires et de merveilles. « Tu aurais faim plus souvent que tu ne mangerais, l'avait prévenu le sorcier, et tu passerais plus d'années exposé aux dangers de la route qu'à l'abri sous un toit. »

« Madoc n'avait pas tort sur ce point », admit Randal.

Absorbé par ses pensées, il marchait sans regarder où il allait. Une seconde plus tard, il se heurta à un obstacle tiède recouvert de tissu.

– Holà, manant ! lança une voix familière et légèrement ivre.

C'était le jeune chevalier qu'il avait rencontré plus tôt dans la cour.

– Te rends-tu compte que tu viens de piétiner les orteils d'un noble ?

« Parfait, se dit Randal. Exactement ce dont j'avais besoin pour finir la journée. »

Il fit mine de contourner le jeune seigneur pour gagner l'écurie, mais celui-ci ne l'entendait pas de cette oreille :

– As-tu perdu ta langue, petit rustre insolent ? Je vais t'apprendre à bousculer un chevalier !

– Je... je suis désolé, messire, bredouilla Randal.

– Pour ça, tu peux l'être, gronda l'homme. Et tu le serais davantage encore si j'étais chargé de te dresser.

Randal s'apprêtait à marmonner une excuse acceptable quand une deuxième voix intervint derrière lui, noyant ses propres paroles :

– Que se passe-t-il, ici ?

– Une broutille, répondit le jeune noble. Rien

qu'un paysan sans éducation.

– Vraiment ? répliqua son acolyte. Regarde-moi, paysan.

Randal reçut un coup entre les omoplates. Il se retourna pour voir qui l'avait poussé. Mal lui en prit.

– Quoi ? aboya le premier. Tu oses tourner le dos à un chevalier ?

Randal encaissa une nouvelle bourrade, si brutale qu'elle le fit pivoter sur place, malgré ses efforts pour rester campé sur ses pieds.

– Aucun savoir-vivre, renchérit celui qui se trouvait maintenant derrière lui. On l'a prévenu, et le voilà qui recommence ! Il va falloir lui enseigner les bonnes manières.

Sur ces mots, il lui assena une gifle magistrale.

Les oreilles bourdonnantes, Randal entendit une troisième voix se joindre aux autres :

– Qu'avons-nous ici ?

– Un sale petit goret qui ne sait pas se tenir devant ses supérieurs, dit le premier chevalier.

– Dans ce cas, il a besoin d'une leçon, décréta le nouvel arrivant.

Randal encaissa un autre coup, plus violent que les précédents. Cette main-ci portait des bagues.

Des éclats de rire retentirent dans la nuit. Un croche-pied lui fit perdre l'équilibre. Randal, qui avait appris à tomber, se reçut dans une roulade et se redressa aussitôt. Comme il tentait de s'éloigner pour se fondre dans le noir, l'un de ses assaillants le saisit au collet pour le replacer au centre de leur petit cercle.

– On ne part pas sans en avoir reçu l'ordre, garçon.

Randal, les jambes flageolantes, parvint à s'immobiliser devant le chevalier qui venait de lui adresser la parole. Encore étourdi par la gifle, il tituba.

– Ce n'est pas ainsi qu'on s'incline devant un chevalier, ajouta son agresseur.

Serrant les dents, Randal baissa la tête. Si seulement il pouvait de nouveau utiliser sa magie… « Pas besoin d'invoquer la foudre. Un simple éclair, un petit coup de tonnerre, et ces chevaliers prendraient leurs jambes à leur cou. Mais j'ai donné ma parole. »

Un coup de poing au visage, porté par le troisième agresseur, faillit le faire tomber. En crispant ses propres poings encore davantage, Randal s'efforça de se concentrer sur la douleur ravivée de sa cicatrice.

Un autre chevalier le gifla avec tant de force que ses yeux se brouillèrent et que ses oreilles sonnèrent.

« Je pourrais me battre, pensa-t-il. J'en ai le droit ; on ne m'a interdit que l'usage des armes blanches. Oui mais, si je le frappe, ses amis me tueront. »

Un pied botté lui percuta le genou. Randal s'écroula et, cette fois, resta à terre. Il se roula en boule dans la poussière, dans l'espoir d'échapper à une blessure plus grave le temps que les trois chevaliers aient évacué leur hargne.

Le coup de pied suivant fut suspendu par une voix grave, qui résonna aux oreilles de Randal avec un je-ne-sais-quoi de familier :

– Laissez-le.

« J'ai déjà entendu cette voix quelque part », se dit Randal.

Les brutes semblèrent se faire la même réflexion. Il les sentit battre en retraite et s'écarter. Puis celui qui avait commencé ce petit jeu s'enquit d'un ton aigre :

– Qui ose me donner un ordre ?

– Messire Walter de Doun, annonça le nouveau venu. Qui s'en informe ?

– Messire Réginald de Haut-Désert, gronda le premier chevalier avec raideur, tel un chien qui abandonne sa proie en voyant surgir le chef de la meute. J'ai entendu parler de vous, messire.

« Et moi donc », pensa Randal, atterré, recroquevillé dans la poussière, la tête pressée contre les genoux. Son cousin Walter était la dernière personne de tout Carnouguel qu'il eût souhaité voir à cette minute. Il aurait encore préféré être frappé par Réginald et ses compagnons jusqu'à l'évanouissement.

– J'ai entendu parler de vous, moi aussi, messire, répliqua Walter d'une voix courtoise, mais glacée.

Il y eut un silence, finalement brisé par l'un des trois nobliaux :

– Ce manant ne vaut même pas la peine que je me salisse les bottes dessus. Je rentre.

Au bruit de leurs pas, Randal comprit que ses acolytes l'avaient suivi. La voix de Walter lui parvint dans le noir :

– Eh bien, mon garçon, es-tu blessé ?

Sans changer de position, Randal secoua la tête. Peut-être son cousin s'en irait-il... Mais non. Messire Alyen et messire Palamon ne cessaient de répéter qu'un vrai chevalier devait prendre les plus malheureux sous sa protection, et Walter semblait fermement décidé à respecter cette règle.

– Laisse-moi t'examiner. C'est du sang que tu as sur le visage ?

– Ce n'est pas grave, messire, marmonna-t-il.

Comprenant que son cousin ne partirait pas tant qu'il resterait couché dans la poussière, il voulut se relever. Mais le coup qui l'avait touché au genou avait été un coup de trop, et il vacilla.

Une main puissante le rattrapa. Randal se détourna, espérant encore ne pas être reconnu.

– Allons, lui dit Walter. Laisse-moi t'aider.

Il glissa son bras sous celui de Randal et l'aida à revenir, boitillant, vers les lumières de l'auberge. Le jeune sorcier sentit les muscles souples de Walter jouer sous son surcot[1] de lin et sa lourde cotte de mailles. Son cousin, qui trois ans plus tôt n'était encore qu'un adolescent dégingandé, était devenu un jeune homme ; il avait presque vingt ans à présent. Randal émit quelques grognements censés exprimer sa gratitude. Il n'avait pas encore mué quand il avait quitté Doun pour se rendre à la Schola, et il implora le ciel pour que Walter ne reconnaisse ni sa voix ni son accent.

Mais Walter n'avait jamais été stupide. Il s'arrêta, et la gentillesse détachée avec laquelle il avait parlé jusque-là fit place à une vive curiosité :

– Comment t'appelles-tu ?

« Un sorcier dit toujours la vérité, se rappela Randal, acculé. Les mensonges et la magie ne peuvent sortir de la même bouche. »

1. Le surcot est un vêtement porté par les chevaliers au-dessus de leur cotte de mailles.

– Eh bien, réponds-moi, insista Walter d'un ton plus brusque. Comment t'appelles-tu ?

– Randal, dit Randal dans un souffle.

Puis, plus fort :

– Randal de Doun… mon cousin.

Chapitre 2 : L'écuyer

Assis à même le plancher de la petite chambre que Walter avait louée pour la nuit, Randal, tamponnant sa joue contusionnée avec un linge humide, leva les yeux sur son cousin :

– À propos, quand es-tu arrivé ici ?

Il essora le linge au-dessus d'un bol en bois posé devant lui, trempa le bout de tissu dans l'eau fraîche d'une cruche en terre, et le remit sur son éraflure.

– Je suis arrivé à la nuit tombée, dit Walter. On a dû rouvrir les portes pour me laisser entrer. J'achevais juste de m'occuper de mes chevaux quand j'ai entendu tout ce tapage, devant l'écurie.

Walter était installé, les jambes allongées, sur la paillasse défoncée qui servait de matelas. La flamme fumante de la chandelle faisait danser des ombres sur son visage. Sitôt la porte verrouillée, il s'était débarrassé de son surcot. Comme la plupart des chevaliers, il y avait fait reproduire l'emblème figurant sur son écu. Walter avait choisi les couleurs[1] de la famille, le rouge et l'or, séparées par une diagonale courant de son épaule droite à sa hanche gauche, avec un pin vert au premier plan. Ayant également ôté sa cotte de mailles et la tunique matelassée qu'il portait sous le métal, il n'était plus vêtu que d'une légère chemise de lin, presque aussi souillée par la transpiration et la poussière que celle de Randal.

« Il doit voyager depuis un moment, lui aussi », songea Randal.

Les paroles de Walter confirmèrent ses suppositions :

– Je vais à Tavenne pour y prendre part au tournoi.

Randal ne fut pas étonné. Avant même d'avoir quitté Doun pour étudier la sorcellerie, il savait que Walter participerait aux tournois dès que messire Alyen l'y autoriserait. Si son cousin avait dû rester au château, sans tâche précise, jusqu'à la mort de son père, l'ennui aurait fini par le rendre impatient, voire difficile à vivre. L'envoyer combattre dans des tournois n'était pas sans risque, mais, à long terme, certainement beaucoup plus agréable pour tout le monde.

1. Les couleurs d'une famille figurent sur les écus et sur certains vêtements. Elles permettent d'identifier les membres ou les serviteurs de cette famille.

Ce genre de pratique était courant. Randal en aurait peut-être fait autant s'il n'avait pas choisi la voie de la sorcellerie.

– Tu es sur les routes depuis longtemps ? demanda-t-il.

Walter hocha la tête :

– J'ai été adoubé l'an dernier. J'ai d'abord voyagé avec messire Palamon, avant de continuer seul.

Il se tut et lança à Randal un regard inquisiteur :

– Mais peu importe ce que je fais ici. La question, cousin, est ce que tu y fais, toi.

Randal laissa retomber le linge humide dans le bol et haussa les épaules :

– C'est une longue histoire.

– Je ne m'attendais pas à ce qu'elle soit courte, répliqua Walter du tac au tac. Par chance, je n'ai rien de mieux à faire ce soir. Depuis combien de temps vis-tu ainsi ?

– En gagnant mon pain sur les chemins ? Depuis le printemps. Avant, je vivais à Tarnsberg, où j'étudiais la sorcellerie.

– Je suppose que c'est ce magicien errant dont le nom m'échappe qui t'a conduit là-bas ?

– Sorcier, rectifia Randal. Madoc est un sorcier, pas un magicien. Oui, j'ai suivi maître Madoc.

– C’est ce que Père nous a raconté, fit Walter avec un petit sourire. Quant à messire Palamon et messire Iohan, ces deux-là étaient dans une rage noire en apprenant ton départ ! Ils étaient déjà en selle, prêts à se lancer à ta recherche. Le garde qui t’avait vu partir tremblait comme une feuille rien qu’à voir leur tête.

– Et ensuite, que s’est-il passé ? s’enquit Randal.

– Pas grand-chose. Père a fait appeler messire Palamon et messire Iohan. Quand ils sont ressortis de l’entrevue, ils ont renvoyé leurs montures à l’écurie, et ils n’ont plus jamais parlé de toi.

« En effet, Madoc m’a signalé qu’il avait eu une conversation avec messire Alyen, se souvint Randal. J’aurais bien aimé y assister. »

Mais, déjà, Walter avait retrouvé son sérieux :

– Tu n’aurais pas dû partir sans me dire au moins au revoir. Tu sais pourtant que je ne l’aurais dit à personne.

Randal détourna les yeux du visage de son cousin pour les fixer sur l’eau du bol :

– J’ai pensé que tu ne comprendrais pas.

Walter resta silencieux. Au bout d’un moment, un coup frappé à la porte brisa la gêne qui s’était instaurée entre eux.

– Ça doit être le repas, dit Walter, qui parut soulagé par cette interruption. Tu as faim ?

Randal hocha la tête. Walter alla ouvrir. Devant la porte étaient posées une assiette en bois garnie d'une tourte à la viande et d'une miche de pain, ainsi qu'une gourde en cuir remplie d'eau.

Walter partagea la tourte en deux avec sa dague et en tendit la moitié à Randal. Le jeune sorcier mordit dans la pâte farcie de viande juteuse. Heureusement qu'il avait pu tromper sa faim grâce aux quelques restes avalés un peu plus tôt. Sinon, il se serait couvert de honte devant son cousin en se jetant sur son dîner telle une bête affamée.

– Alors, reprit Walter quand ils eurent fini de manger, parle-moi un peu de Tarnsberg.

Randal demeura pensif. Comment décrire la Schola à quelqu'un qui n'y avait jamais étudié ? Walter ne connaîtrait jamais l'amère frustration d'un apprenti à qui résiste un sort élémentaire ; il ne ressentirait jamais la joie grisante que procure, après maints efforts, la réussite d'un sortilège difficile.

– C'est une ville sur la côte Ouest, dit-il enfin sans relever la tête. J'y ai suivi les cours de l'école de sorcellerie.

– Pendant trois ans ? demanda Walter.

Randal fit signe que oui. Il sentit peser sur lui le

regard de son cousin, et ne fut pas surpris par la question qui suivit :

– Tu peux me montrer ?

– Tu veux dire, faire de la magie ?

– Oui.

Randal secoua la tête :

– Je ne peux pas.

– Comment ça, tu ne peux pas ? N'as-tu rien appris en trois ans ?

– Plus que je ne l'aurais voulu, répondit Randal. Un jour, je te raconterai toute l'histoire, mais pas ce soir.

Il fut parcouru d'un brusque frisson. Rien qu'au souvenir de la dernière fois où il avait eu recours à la magie, sa gorge se dessécha. Il revit tout à coup la chambre de maître Laerg peuplée de démons, immondes créatures à la peau écailleuse, avides de boire son sang.

Lorsqu'il voulut prendre la gourde en cuir, la main puissante de Walter se referma sur son poignet.

Il n'opposa pas de résistance quand son cousin lui retourna la main, paume vers le haut.

– Pour une cicatrice, c'est une cicatrice, commenta Walter après quelques secondes. Comment t'es-tu fait ça ?

– J'ai pris une épée par le mauvais bout.

Walter éclata de rire :

– Ben voyons ! Après tout l'entraînement que tu as suivi avec messire Palamon ! Elle est très drôle, Randal... Tu as pris une épée par le...

Son expression redevint grave tandis qu'il examinait de plus près la ligne rouge qui traversait la main de Randal.

– Tu ne plaisantais pas, hein ? fit-il doucement. Et la chose est récente. Tu as envie d'en parler ?

– Non.

– Randal, déclara Walter, peu importe ce qui s'est passé, tu fais toujours partie de la famille. Y a-t-il quelqu'un que je devrais tuer pour ça ?

– Non, répéta Randal.

Il retira sa main en refermant le poing sur sa cicatrice.

– Il est déjà mort, ajouta-t-il.

Walter le dévisagea longuement :

– Je vois. Mais, dis-moi, tu te rends à un endroit précis, ou tu erres au hasard ?

Enfin une question à laquelle Randal pouvait répondre !

– Je vais à Tavenne et, de là, dans la montagne, à une journée de route. J'ai quelqu'un à trouver là-haut.

– C'est merveilleux ! s'exclama Walter, l'air sincèrement réjoui. On pourra voyager ensemble pendant quelques jours !

Passant le doigt sur sa joue éraflée, Randal lui lança un coup d'œil dubitatif :

– Tu y vas avec ces… avec les autres ?

– Eh bien, oui, je suppose. L'union fait la force… Ah, je vois ton problème.

Walter fronça les sourcils.

– Il suffit de leur dire que tu es mon écuyer. Ils ne soupçonneront jamais que tu es le garçon qu'ils ont battu dans le noir.

– Probablement pas, admit Randal.

« D'ailleurs, pensa-t-il, Réginald et ses deux amis réunis ne sont sans doute pas assez futés pour envisager une telle hypothèse. »

– Mais je ne mentirai pas sur mon compte, précisa-t-il à son cousin. Je suis un compagnon sorcier, même si je ne peux pas pratiquer la magie. Et un sorcier dit toujours la vérité.

– Je ne te demande pas de mentir sur quoi que ce soit, rétorqua Walter un peu sèchement. Après tout, mon cousin, moi aussi, en te présentant comme écuyer, j'engage ma parole. Et tu en rempliras réellement les fonctions. Tu porteras mes couleurs, tu monteras mon second cheval, tu m'aideras à revêtir mon armure et tu satisferas à mes besoins. Si tu n'as pas oublié comment t'y prendre…

– Je m'en souviens, le rassura Randal avec un soupir.

– Parfait, conclut Walter.

Il souffla la chandelle, et la chambre fut plongée dans l'obscurité. Seul un rayon de lune se glissait par une fente des volets.

– Alors, bonne nuit. Et réveille-moi demain matin.

Dans la cour de l'auberge, le coq chanta aux premiers rayons du soleil. Randal se leva dans la lumière gris pâle de l'aube, revêtit le surcot de rechange de son cousin, et réveilla Walter.

– Eh bien, écuyer, dit celui-ci avec un sourire en glissant son épée dans sa ceinture, la route est à nous. Que c'est bon de retrouver un visage familier à mes côtés !

– Pas trop familier, j'espère, répliqua Randal. S'il me reconnaît, messire Réginald ne te pardonnera pas de l'avoir dupé.

– J'en fais mon affaire, affirma Walter. Contente-toi de faire ton travail et évite de te trouver sur son chemin.

Malgré les craintes de Randal, aucun des chevaliers rassemblés en bas, dans la salle commune, ne parut l'identifier. En plein jour, messires Philippe, Louis et Réginald avaient l'air plutôt inoffensifs ; rien à voir avec les trois brutes qui l'avaient frappé la veille au soir. Messire Philippe, le plus jeune du groupe, semblait un risque-tout exalté. « Un paquet de nerfs sans cervelle », jugea Randal. Messire Louis, le plus âgé, avait un visage rond et un corps un peu lourd. À la quarantaine, il serait gras. Messire Réginald, celui qui avait déclenché l'ignoble jeu, était le plus grand et le plus fort. Dans un combat régulier contre Walter, il se révélerait sans doute un adversaire à sa mesure.

Aucun d'eux ne prêta la moindre attention à la joue entaillée de Randal, ni aux contusions qui bleuissaient sa mâchoire. Ils saluèrent Walter, ignorant son cousin ; un écuyer, au même titre que n'importe quel serviteur, faisait partie du décor.

Peu après, les cinq membres de la petite troupe chevauchaient dans la lumière du petit matin. Déjà, le soleil brillait dans le ciel limpide, séchant la rosée dans l'herbe et la terre de la petite route. Même en plein été, la chaleur restait toujours agréable sur les contreforts des montagnes de l'est. Un vent léger venu des hauts plateaux bruissait dans les branches des arbres, ébouriffant les cheveux des cavaliers.

Randal n'était pas monté à cheval depuis plus de trois ans. Il avait quitté le château de Doun à pied, et depuis lors ne s'était jamais déplacé autrement. Il était conscient qu'il n'aurait pas été de taille à maîtriser le puissant destrier de son cousin. Par chance, le second cheval de Walter était un palefroi : une bête plus petite, au caractère plus doux, dressée pour l'endurance, et non pour le combat. Si Randal avait oublié les règles équestres apprises dans son enfance, il s'aperçut que son corps, lui, s'en souvenait. Il ne tarda pas à s'habituer au pas tranquille de sa monture, et se détendit assez pour goûter le plaisir de cette chevauchée matinale.

Tout compte fait, il pouvait se réjouir : le temps était superbe, et la compagnie de son cousin, une bonne aubaine. De plus, ce bout de chemin à cheval lui ferait gagner du temps pour trouver Balpesh et, par la même occasion, récupérer l'usage de sa magie.

Bientôt, Walter se laissa distancer par les autres pour avancer à ses côtés.

– Tu es terriblement silencieux, ce matin, fit-il remarquer au bout d'un moment. Quelque chose ne va pas ? C'est une splendide journée, pourtant.

– Je sais, dit Randal. C'est juste que… je ne peux pas t'expliquer.

Walter le dévisagea d'un air intrigué :

– Tu m'as déjà répondu ça hier soir !

Randal haussa les épaules :

– La vie est plus compliquée que je ne l'imaginais.

– Encore une chose que tu apprise à Tarnsberg ?

Cette question, posée sur un ton gentiment moqueur, eut plus d'impact que Walter ne l'avait sans doute voulu. Randal songea à Laerg qui, aux yeux des apprentis, présentait toutes les apparences du parfait maître sorcier, et dont les desseins malfaisants avaient bien failli entraîner la perte de toute la Schola.

– Oui, confirma-t-il sans sourire. On peut dire que c'est là que je l'ai appris.

Dès lors, Walter n'essaya plus de le sortir de son humeur maussade. Peu après midi surgit au loin un chevalier solitaire, qui se dirigeait lui aussi vers Tavenne. Lorsqu'ils furent assez près pour distinguer le blason de son écu, Walter éperonna son cheval en s'écriant :

– Holà, messire Guillaume !

Le chevalier s'arrêta et se tourna vers lui :

– Holà, messire Walter !

Il fit demi-tour et rejoignit le petit groupe au galop. Walter le présenta :

– Voici Guillaume de Hernefeld, dont certains d'entre vous, je crois, connaissent déjà la réputation.

Pour l'avoir vu combattre, et pour avoir moi-même combattu à ses côtés, je peux vous assurer qu'il est aussi valeureux qu'il est courtois.

Messire Guillaume était un jeune chevalier du même âge que Walter, aux cheveux bruns et à l'épaisse moustache. Il s'inclina sur sa selle devant messire Réginald et ses compagnons :

– Il n'est pas déplaisant de rencontrer enfin des amis sur la route. Je commençais à craindre d'être le seul à me rendre à un tournoi dans cette région perdue.

Les heures passèrent. En milieu d'après-midi, la route se mit à descendre à flanc de colline, en direction d'une rangée d'arbres qui serpentait à perte de vue sur l'horizon.

– Le Lubac, annonça messire Réginald en désignant un cours d'eau qui scintillait entre les arbres.

Pendant la journée, entouré de personnes de son rang, le jeune chevalier ne se montrait pas désagréable, mais Randal n'avait pas oublié son ton arrogant, ni la brutalité de son coup de poing dans la cour de l'auberge.

– Il paraît qu'il y a un gué ici, poursuivit Réginald, et une auberge à deux heures de cheval.

Tous les cavaliers pressèrent leur monture, Randal comme les autres, jusqu'aux berges plantées de minces peupliers. À cet endroit, la rivière était large, paisible et peu profonde, ce qui permettait aux hommes et aux charrettes de traverser. Mais, un peu plus loin, l'eau se brisait sur d'invisibles rochers, dans un jaillissement d'écume bouillonnante.

Messire Philippe fit entrer son cheval dans l'eau bleue et limpide pour reconnaître le passage. Le gué était si peu profond que le cavalier ne mouilla même pas ses éperons. Parvenu sur la terre ferme, il s'arrêta, inspecta le sol, et descendit de sa monture pour y regarder de plus près. Se redressant, il fit signe à ses compagnons de le rejoindre en hâte.

Les autres chevaliers éperonnèrent leurs chevaux et s'élancèrent à travers la rivière. Une fois sur la berge, Walter demanda à messire Philippe :

– Qu'avez-vous découvert ?

– Un mystère à percer, et de l'action en perspective, répondit le chevalier.

Il désigna la route :

– Que pensez-vous de ces traces ?

Walter scruta le sol de l'œil aiguisé et averti d'un chasseur. Randal le revoyait penché ainsi sur les empreintes de cerfs et de sangliers, durant leur enfance au château de Doun.

– On s'est battu, ici, annonça le jeune chevalier.

Il n'y a pas plus de vingt-quatre heures. Trois cavaliers ont été attaqués de part et d'autre par des hommes à pied.

Il indiqua plusieurs endroits où l'herbe avait été arrachée ou piétinée.

– Vous voyez, c'est ici que les assaillants ont tendu leur embuscade. Et les empreintes de sabots s'arrêtent là, sur la route. On les retrouve plus loin, qui s'enfoncent dans les bois.

Randal ne douta pas une seconde de l'exactitude de ces dires. Le compagnon sorcier se rappela les marchands de Cingestoun qui avaient fait halte au Basilic. Ils voyageaient à cheval, escortés par un homme d'armes qui protégeait leurs marchandises. Ils avaient quitté l'auberge la veille à l'aube, à destination de la foire de Tavenne ; mais, apparemment, ils n'étaient pas allés très loin.

– Que fait-on, maintenant ? demanda messire Réginald. On continue ?

– En renonçant à une occasion de nous couvrir de gloire ? protesta messire Philippe. Sûrement pas !

Messire Guillaume se montra plus réaliste :

– Combien sont-ils ?

– Pas plus de douze, affirma Walter. Et ils sont à pied.

– Bon, allons voir, trancha messire Guillaume. À condition de ne pas nous attarder. Je détesterais être surpris dans les bois à la nuit tombée.

– Si la prochaine auberge n'est qu'à deux heures de route, nous aurons le temps, le rassura Walter.

– Très bien, allons-y, conclut Guillaume.

Le bras passé dans la courroie de leur bouclier, l'épée à la main, les chevaliers quittèrent la route pour s'enfoncer dans la forêt qui s'étendait sur leur gauche. Ils avançaient le plus silencieusement possible au milieu de grands chênes sombres, dont les branches, formant une arche au-dessus de leurs têtes, projetaient une ombre épaisse qui plongeait la forêt dans la fraîcheur.

Randal frissonna. « Je n'aime pas cet endroit. » Puis, se tournant vers son cousin :

– Walter…

– Qu'y a-t-il ?

« Je ne peux pas l'expliquer », s'avoua Randal.

– Rien, fit-il.

Ils entendirent bientôt des bruits devant eux : des braillements et des rires, le choc d'une hache cognant une bûche, les crépitements d'un feu de bois. Ils étaient parvenus aux abords d'un campement assez grand, sans s'être fait attaquer ni même remarquer.

– On dirait que certains ont quelque chose à fêter, fit observer messire Louis à voix basse. Et ils ne croient pas utile de monter la garde, semble-t-il.

Randal ne tarda pas à comprendre l'absence de sentinelles. Entre les troncs serrés de l'épaisse forêt, il vit dans une clairière une bande d'individus à la mine patibulaire. La plupart étaient occupés à boire à même un énorme tonneau qui trônait au centre du campement. Quelques-uns s'étaient déjà endormis sur le sol jonché de feuilles, d'autres chantaient et plaisantaient autour d'un grand feu.

Randal repéra trois chevaux attachés de l'autre côté de la clairière. Deux d'entre eux se tenaient dans l'ombre, mais le soleil jetait sur la robe du troisième des taches de lumière. Il reconnut la monture de l'un des marchands du Basilic. Les bêtes s'agitaient sans cesse, effarouchées par quelque chose qui pendait à un arbre voisin. Randal ne réussit pas tout de suite à identifier l'objet, puis, un souffle de vent faisant tourner cette chose sur elle-même, il distingua clairement ce que c'était. C'était le corps du garde qui escortait les marchands.

Chapitre 3 : Une nuit à l'auberge

Randal détourna la tête en fermant les yeux. Non loin de lui, il entendit la voix de messire Guillaume :

– Ce gars-là a dû leur donner du fil à retordre.

Messire Réginald acquiesça d'un grognement.

Randal rouvrit les yeux, cherchant les marchands du regard. Il les repéra sans peine. Les deux hommes étaient ligotés sur le sol, dépouillés de leurs beaux habits, maculés de sang et de poussière. Accroupi à côté d'eux, un brigand à la carrure imposante les taquinait de la pointe de son couteau, s'amusant à les voir se tortiller.

– Nous avions raison, ils ont fait deux prisonniers, reprit messire Guillaume. Peut-être obtiendrons-nous une récompense en leur portant secours.

Walter intervint pour la première fois depuis qu'ils étaient arrivés à la clairière.

– Récompense ou pas, pour moi, il n'y a pas d'autre

choix que les aider. Réginald, Louis, faites le tour à cheval et assurez-vous qu'aucun brigand ne prenne la fuite.

Il s'interrompit, puis ajouta, comme s'il venait seulement d'y penser :

– Écuyer Randal, reste en arrière et maintiens mon palefroi à l'écart de la bataille. Ce n'est pas un cheval de combat ; il risquerait de s'effaroucher. Philippe et Guillaume, chargez à mon signal.

Le jeune sorcier regretta amèrement de ne pouvoir utiliser sa magie. Il s'imaginait en train de semer l'effroi dans les rangs des bandits en jetant brusquement sur eux une boule de feu ou un coup de tonnerre, ce qui éviterait des pertes humaines de part et d'autre. Au lieu de cela, il était obligé d'attendre dans l'ombre, à écouter les bruissements et les tintements légers qui lui signalaient la progression de Walter et de ses compagnons dans les broussailles.

Soudain, la voix grave de Walter retentit :

– Chargez !

Les chevaliers débouchèrent en trombe dans la clairière. Les hors-la-loi, bondissant sur leurs pieds, s'emparèrent de leurs armes. La plupart étaient munis de courtes épées et de massues, mais quelques-uns n'avaient que des couteaux et de simples gourdins pour se défendre contre les cinq cavaliers en armure.

Messire Philippe, toujours en quête de gloire et d'action, chevauchait en tête. L'un des brigands le visa d'une hallebarde, qui l'atteignit au côté. Désarçonné, le cavalier s'écroula au milieu de la mêlée.

Randal vit son cousin se précipiter à bas de son cheval et se diriger sur l'homme à terre. Walter marcha vers son compagnon blessé en se protégeant de son bouclier, l'épée au poing, prêt à frapper. Guillaume vint se placer sur sa gauche, les bordures de leurs boucliers se touchant presque. Leurs longues lames s'élevaient et s'abaissaient sans répit, leur frayant un passage jusqu'à Philippe.

Réginald et Louis galopaient en cercle autour de la bande de brigands, l'épée dans une main, le bouclier dans l'autre, guidant leur monture par la pression des genoux. Chaque fois qu'une de leurs lames s'abattait, un brigand tombait.

Fuyant le tumulte de la clairière, le destrier de messire Philippe, sans cavalier, s'élança vers le couvert de la forêt. À l'instant où la bête, les yeux fous de panique, passait en trombe devant Randal, le jeune sorcier saisit les rênes au vol et immobilisa l'animal. Il lança son palefroi vers la clairière pour rattraper les chevaux abandonnés par Walter et Guillaume.

Ayant rassemblé dans sa main les rênes des trois chevaux de bataille, il les ramena à l'abri des arbres.

En dépit du danger, Randal se surprit à sourire tandis qu'il apaisait les bêtes excitées. « Je ne peux pas me battre, se consola-t-il, ni pratiquer la magie, mais je peux au moins veiller sur les chevaux. »

Lorsqu'il se retourna vers la clairière, il ne restait pas un brigand debout. Des corps gisaient, épars, dans tout le campement. Réginald rejoignit Walter et Louis, agenouillés auprès de Philippe.

– Quels idiots ! s'exclama Réginald en désignant d'un geste les hommes morts. Ils auraient dû se disperser et nous attirer dans les bois.

– Cela n'aurait rien changé, répliqua Philippe. Nous les aurions battus de toute façon.

Pris d'une quinte de toux, il roula sur le côté. Walter et messire Louis l'aidèrent à se relever.

– Êtes-vous blessé ? s'alarma Louis.

– Une ou deux contusions, le rassura Philippe. Rien de plus.

Il se pencha en avant, les mains sur les genoux, et respira lentement, à fond.

– Ma cotte de mailles a bien amorti les coups.

Il se redressa, se dirigea vers l'un des corps étendus par terre et le retourna du bout de sa botte. Randal reconnut le hors-la-loi qui avait tourmenté les marchands avec son couteau.

– Il a payé pour sa folie, fit le chevalier pour tout commentaire.

Walter alla délivrer les deux prisonniers, tandis que ses compagnons entreprenaient de fouiller le camp. Randal, qui n'avait pas lâché les rênes des chevaux, attendit sous les frondaisons.

Devant le spectacle de tous ces cadavres jonchant la clairière, il leva les yeux vers le ciel. Comme tous les événements de ces derniers jours, la courte et violente échauffourée n'avait fait que renforcer son sentiment : un gouffre le séparait de sa vie d'autrefois, celle à laquelle il avait renoncé pour partir en quête de la magie.

Jadis, comme messire Philippe, il aurait peut-être estimé que les brigands n'avaient eu que ce qu'ils méritaient. Cependant, plus rien ne lui paraissait aussi simple à présent. Même à la distance où il se tenait, il pouvait voir que la plupart des victimes étaient pauvrement vêtues, et que beaucoup étaient amaigries par le manque de nourriture. « Ils n'avaient pas la moindre chance, constata-t-il. Pas contre des chevaliers en armure. »

Il se raisonna. « Allons, si tu avais fait ce chemin

seul, tu serais sans doute mort à l'heure qu'il est. Walter, lui, ne gaspillerait pas ses larmes sur une bande de brigands. »

De fait, son cousin s'affairait autour des marchands, coupant leurs liens et leur donnant à boire. Les deux hommes étaient en piteux état, mais toujours en vie. Les brigands avaient dû espérer en tirer une rançon. Quant à Réginald et Louis, ils arrivèrent en portant avec peine un lourd coffre.

– C'est tout ce que les voleurs possédaient, annonça messire Réginald. Il est temps que nous repartions.

– Non, répliqua Walter en jetant un coup d'œil au corps du garde pendu à sa branche. Il nous reste une tâche à accomplir avant toute autre.

– Nous n'avons pas de temps à perdre à creuser une tombe, objecta Réginald. Encore moins si nous voulons arriver à l'auberge avant la nuit.

– Nous prendrons le temps de rendre les derniers hommages à un honnête homme, déclara Walter d'un ton sans réplique.

Comme il était indigne pour des chevaliers de manier une pelle quand un écuyer pouvait s'en charger, presque toute la besogne retomba sur Randal. Une fois le corps enterré, ils reprirent le chemin de l'auberge dont Réginald avait entendu parler.

Quand le petit groupe regagna enfin la route, le soleil avait déjà largement entamé sa course vers l'ouest. Réginald fronça les sourcils en considérant le ciel rougeoyant.

– Bravo ! lança-t-il à Walter. À cause de vous, nous allons devoir presser les chevaux pour atteindre l'auberge. Dans cette région, on n'est en sûreté qu'entre quatre murs.

Walter eut un petit sourire amusé.

– Qu'à cela ne tienne, nous presserons les chevaux, répondit-il simplement.

Sur ces mots, il lança sa monture au galop, et bientôt toute la petite troupe, y compris les deux marchands blessés, remontait la grand-route à vive allure.

Malgré le rythme soutenu imposé par Walter, il faisait presque nuit lorsqu'ils parvinrent à l'Homme-Sans-Tête, l'auberge où ils devaient faire halte avant de gagner Tavenne, et messire Réginald était d'humeur massacrante.

Les cavaliers s'engouffrèrent dans la cour de l'établissement et mirent pied à terre. D'un geste brusque, messire Réginald jeta à Randal les rênes de son destrier.

– Rends-toi utile, lui lança-t-il d'un ton dur. Occupe-toi des chevaux.

« J'ai déjà entendu cette phrase quelque part », pensa Randal.

Néanmoins, il mena le cheval fougueux à l'écurie sans répliquer.

Panser et nourrir les animaux lui prit un certain temps. « Au moins, se dit-il, nous devrions être en bonne compagnie ce soir, à en juger par le nombre de chevaux qu'il y a dans les stalles. »

Pourtant, lorsqu'il entra un peu plus tard dans la salle commune, le compagnon sorcier n'y vit qu'un seul hôte, hormis le groupe de chevaliers et les deux marchands qu'ils avaient délivrés des mains des brigands.

« Étrange qu'il y n'ait pas plus de monde dans une auberge aussi proche d'une ville, s'étonna-t-il. D'où sortent donc tous ces chevaux dans l'écurie ? »

Par ailleurs, les lieux avaient l'air plutôt agréables. Un feu crépitait dans la cheminée, et on leur servit un dîner chaud et copieux : des tourtes à la viande et du rôti de porc, arrosés de cidre et de bière à volonté.

L'aubergiste, un homme jovial et rondouillard, empressé à satisfaire ses nobles hôtes, distribuait de larges sourires à chacun, sans oublier Randal. Mais le jeune sorcier, qui la veille encore avait cru mourir de faim, avait perdu tout appétit. Il sirota un pichet de cidre chaud en écoutant Philippe et Louis débattre sur des questions de fauconnerie, et médita sur l'énigme que pose une auberge à l'écurie si pleine, et à la salle commune si vide.

Après le dîner, les hôtes montèrent se coucher. Les chambres, plus grandes que celles du Basilic, étaient meublées de vrais lits, et non de paillasses, et les murs étaient lambrissés de bois sombre et luisant. Ayant logé au-dessus d'un atelier de menuiserie du temps où il vivait à Tarnsberg, Randal en avait appris assez sur le métier pour savoir que ces belles lattes bien cirées n'étaient qu'une couche mince comme du parchemin, collées sur des planches bon marché.

« Il y a toujours quelque chose de caché sous la surface, songea-t-il. Ne peut-on jamais se fier aux apparences ? »

Walter s'allongea sur l'un des lits avec un soupir d'aise.

– Au moins, nous dormirons confortablement cette nuit, se réjouit-il.

– Je l'espère, fit Randal, dubitatif.

Il s'assura que la porte était bien fermée et se tourna vers son cousin :

– Walter, il y a quelque chose de bizarre, ici.

Walter le dévisagea :

– Bizarre ? Que veux-tu dire par là ?

Randal s'efforça de formuler ses inquiétudes :

– Tu n'as pas vu l'écurie ! Elle est pleine, Walter. Quand j'ai eu fini de m'occuper des chevaux, il ne restait plus une stalle libre. Où sont les autres clients, alors ? On n'en a vu qu'un !

– C'est peut-être un marchand de chevaux, supposa Walter. Ils se rendent souvent sur les foires, surtout s'il y a un tournoi en perspective.

– Peut-être, fit Randal. Mais quand même…

– Si ça peut te rassurer, organisons un tour de garde, proposa Walter. Je veille le premier.

Randal se coucha tout habillé, et eut du mal à trouver le sommeil. Il ne prit conscience de s'être assoupi que lorsque Walter le secoua pour le réveiller.

– Il est minuit. C'est ton tour.

Randal se leva en s'étirant.

– Prends la garde jusqu'au coucher de la lune, lui dit Walter. Ensuite, je te remplacerai. Tu veux mon épée ?

– Non, dit Randal. J'ai juré que je n'utiliserais plus jamais une arme de chevalier, quel qu'en soit le besoin.

Malgré la pénombre, il lut l'incrédulité sur le visage de son cousin.

– Voilà qui était parfaitement idiot, répliqua celui-ci d'un ton catégorique.

– Je n'ai pas eu le choix, se justifia Randal. On ne peut pas être un sorcier et se battre à l'arme blanche.

– Je ne vois pas ce que tu as gagné jusque-là à être un sorcier, observa Walter. Mais, puisque tu as juré, il n'y a pas à discuter. Un homme qui ne respecte pas sa parole n'est rien.

Il s'étendit sur son lit et ferma les yeux :

– Réveille-moi s'il se passe quelque chose.

Quelques instants plus tard, il ronflait doucement, sa longue épée posée par terre à portée de main.

Les heures passèrent. La lune projetait une tache de lumière sur le sol à travers une fente des volets. Randal la regarda se déplacer peu à peu et atteindre le mur. « Quand elle aura disparu, se dit-il, je pourrai me rendormir. »

C'est alors qu'il entendit dans le couloir un tintement métallique, comme deux clés qui s'entrechoquent. Il n'y aurait pas prêté attention s'il n'avait pas eu l'impression qu'on essayait d'étouffer le bruit.

« Quelqu'un qui rôde ? Un voleur, peut-être ? »

Il alla déverrouiller la porte et l'entrouvrit. Le couloir était plongé dans le noir. Il eut un instant d'hésitation : fallait-il réveiller son cousin ? Puis il y renonça, et sortit. Les ténèbres étaient si denses qu'elles en étaient presque palpables. Il prit à droite et avança à tâtons, une main sur le mur.

Arrivé devant l'une des chambres des marchands, il chercha le loquet et le souleva. La porte n'était pas fermée. « Bizarre », pensa-t-il.

Il la poussa doucement. Les volets étaient ouverts, et la pièce baignait dans le clair de lune. Après l'obscurité du couloir, Randal, ébloui par cette brusque lumière, cligna des yeux. Il parcourut la chambre du regard. L'homme étendu sur le lit était d'une immobilité anormale, et Randal distingua clairement la corde enroulée autour de son cou.

Il fit demi-tour et sortit de la pièce en trébuchant. Juste en face se trouvait la chambre de messire Louis ; la porte s'ouvrit sans opposer de résistance. Là aussi, la lune éclairait la pièce. Pas un souffle ne soulevait la poitrine du chevalier. Sur son front, barré d'une énorme entaille, coulait du sang.

Randal regagna le couloir et se précipita vers la chambre qu'il partageait avec Walter. La porte était ouverte, alors qu'il était sûr de l'avoir refermée. Il s'élança dans la pièce, juste à temps pour surprendre l'aubergiste dressé au-dessus de son cousin endormi, prêt à le frapper de son gourdin.

– Walter ! hurla Randal.

Le gourdin s'abaissa. À la dernière seconde, Walter roula sur le côté, et le gourdin s'écrasa sur l'oreiller, là où sa tête reposait une seconde plus tôt. Walter bondit sur ses pieds, brandissant un mètre d'acier aiguisé. Randal n'avait jamais vu quelqu'un tirer son épée aussi vite.

L'aubergiste pivota pour affronter le chevalier et abattit sa massue une seconde fois. Walter para le coup, puis il projeta sa lame en avant, et son agresseur s'écroula.

Randal fit volte-face à l'instant où un autre homme franchissait le seuil, levant un couteau. Le jeune sorcier esquiva d'un pas sur le côté. Saisissant le bras de l'étranger, il le propulsa au centre de la pièce, où Walter l'attendait.

– Des bandits ! Ils tuent tout le monde ! cria Randal.

Walter bouscula son écuyer pour se ruer dans le couloir, qu'il parcourut de part et d'autre en cognant sur chaque porte du pommeau de son épée.

– Aux armes ! tonnait-il. Nous sommes attaqués par des brigands !

Ce n'était que trop vrai. Des hommes en armes faisaient irruption en haut des escaliers aux deux extrémités du couloir. Ils étaient au moins une douzaine, certains équipés de couteaux ou d'épées, d'autres de gourdins. Quelques-uns portaient une torche embrasée.

À la lueur rouge et vacillante, Randal s'aperçut que son cousin ne tarderait pas à être submergé.

« La magie, chuchota à son oreille la voix de la tentation. Un sort, ou nous sommes perdus. » Il chassa cette idée avec fermeté. « Walter a raison. Si je renie ma parole, je ne suis rien. »

Ce dernier allongea une botte fulgurante. L'un des brigands qui menaient l'assaut en première ligne s'effondra, entraînant dans sa chute l'un des porteurs de torche. Celui-ci lâcha le flambeau, qui alla rouler jusqu'aux lambris.

Walter était contraint de reculer pas à pas. L'étroitesse du couloir l'empêchait d'exécuter les grands gestes nécessaires à la pratique de l'épée.

Il tentait de repousser l'ennemi de la pointe de sa lame, parant les attaques avec le tranchant, mais Randal comprit qu'il serait vite encerclé.

À cet instant, une porte s'ouvrit à la volée. Réginald passa la tête par le chambranle, encore en chemise de nuit, mais l'épée à la main.

– Que diable se passe-t-il…, commença-t-il.

Découvrant la horde qui se pressait dans le couloir et les escaliers, il franchit le seuil et se plaça sans hésiter dos à dos avec Walter.

Ensemble, les deux hommes se défendaient mieux, mais la situation demeurait critique. Enfin messire Philippe se joignit à eux, armé de son épée. Il avait pris le temps de revêtir sa cotte de mailles avant de se mêler à la rixe. À trois, les jeunes chevaliers étaient désormais en mesure de résister à leurs attaquants.

Randal entendit tout à coup de violents craquements, qui couvrirent bientôt le vacarme de l'affrontement. La flamme de la torche tombée par terre, en léchant les panneaux de bois, avait atteint le toit de chaume. Une lueur rouge éclairait la masse des combattants, et des volutes de fumée âcre s'échappaient de la paille embrasée.

Dans la fumée et l'éclat aveuglant des flammes, les hors-la-loi lancèrent l'assaut final. Sous la pression, les chevaliers reculèrent, et Randal fut écrasé contre le mur. Il tomba et sentit un autre corps s'affaler sur lui. En se tortillant pour se dégager du poids mort, il gagna en rampant la porte de la chambre la plus proche, par laquelle il se faufila.

Une fois à l'intérieur, il se releva, et, suffoquant, alla à la fenêtre ouverte. Il l'enjamba et se suspendit par les mains au rebord, se balançant au-dessus de la cour en terre battue. Puis il se lâcha.

Il amortit le choc par une roulade, se redressa et

regarda autour de lui. Des étincelles jaillissaient du toit en flammes et se dispersaient dans le ciel ; quelques-unes, en retombant sur le toit de l'écurie, avaient mis le feu au bâtiment.

« Les chevaux ! » s'alarma Randal. Il fonça vers l'écurie, se dissimulant dans l'ombre. Il ouvrit la porte, se précipita à l'intérieur et s'immobilisa. Les flammes attaquaient la base du toit, et les chevaux ruaient en hennissant de terreur. Randal savait qu'un coup de sabot pouvait tuer un homme. Cependant, sans leurs montures, les chevaliers n'arriveraient jamais à Tavenne, si toutefois ils parvenaient à sortir vivants de l'auberge.

« Plutôt recevoir une ruade en pleine figure que de périr brûlé ou égorgé », décida Randal. Il ouvrit les stalles et fit sortir les bêtes affolées, s'aplatissant contre le mur tandis qu'elles passaient devant lui dans un bruit de tonnerre. « Les selles, à présent ! »

Malgré le danger, il s'obligea à s'enfoncer dans le bâtiment en feu. L'équipement des chevaliers était toujours là où il l'avait posé ; il le repéra à tâtons dans l'épaisse fumée, traîna les pièces une par une jusqu'à la fenêtre la plus proche et les bascula au-dehors.

Dans l'écurie, l'air devenait irrespirable. À demi asphyxié, Randal dut s'interrompre à plusieurs reprises pour tousser et reprendre son souffle. Enfin, il jeta la dernière pièce de harnachement par la fenêtre et l'escalada.

Quelques secondes plus tard, le toit de l'écurie s'effondrait derrière lui dans un grondement assourdissant.

Chapitre 4 : Tavenne

Randal se redressa et se mit à tirer les selles et le reste de l'équipement hors de portée des flammes. Le double incendie de l'auberge et de l'écurie avait embrasé de rouge le noir de la nuit. Fous de terreur, les chevaux couraient en tous sens dans la cour en se cabrant. Les ombres des hors-la-loi, éclairées par le brasier, passaient derrière les fenêtres du rez-de-chaussée.

Les quatre chevaliers rescapés surgirent en groupe compact par la porte d'entrée, se détachant nettement sur la lueur orangée du brasier.

Caché dans l'ombre, Randal constata qu'ils étaient toujours menacés de se laisser déborder. Il regarda les chevaux. Comme il s'y attendait, les montures des chevaliers se distinguaient facilement des autres, par leur taille et leur puissance, mais également par le calme dont ces bêtes faisaient preuve, depuis qu'il les avait sorties de l'écurie en feu. Les bruits et les odeurs du combat, en soi, ne suffisaient pas à effrayer des bêtes entraînées pour la guerre.

« Il n'empêche, un sort d'apaisement m'aurait simplifié les choses ! » regretta Randal tandis qu'il s'escrimait à seller le fougueux destrier de son cousin. « Il ne manquerait plus que je reçoive un coup de sabot dans les côtes, quand je suis à deux doigts d'arriver chez maître Balpesh et de retrouver ma magie ! »

Une à une, il harnacha les autres montures. De l'autre côté de la cour, les quatre chevaliers continuaient de batailler. Randal rassembla les rênes des chevaux de combat et enfourcha son palefroi. Il fonça droit sur la bande des brigands, qui se dispersèrent pour ne pas se faire piétiner par les puissants destriers.

– Montez ! cria-t-il en s'efforçant de couvrir le tumulte. Montez !

Walter le chercha des yeux.

– Bien joué ! s'exclama-t-il en se hissant sur son cheval. Je craignais que tu n'aies péri dans la mêlée, à l'étage.

Randal n'eut pas le temps de répondre. Les autres chevaliers avaient sauté en selle à leur tour, et déjà ils se regroupaient pour charger les derniers hors-la-loi.

Face à un homme à pied, un chevalier sur sa monture était pratiquement invincible. Bien qu'il leur manquât une partie de leurs armes et de leurs armures, les quatre hommes n'eurent aucun mal à mettre en déroute leurs adversaires. Bientôt, la lueur grisâtre de l'aube perça à travers la fumée, et Walter et ses compagnons constatèrent qu'ils étaient seuls maîtres du terrain.

– Il n'y a plus rien ici, dit Philippe en donnant de petits coups de pied dans un pan de mur carbonisé. Et aucun signe de Louis.

– Il est mort, l'informa Randal. Il a été tué par l'aubergiste. Ou par l'un des brigands.

– L'un ou l'autre, qu'est-ce que ça change ? répliqua Philippe.

Il contempla les ruines de l'auberge et de l'écurie et ajouta :

– Au moins, Louis a été vengé.

– Je ne vois pas quel bien ça lui fait, intervint messire Réginald d'un ton brusque. Et à nous non plus, d'ailleurs. Nous avons peut-être sauvé notre peau, mais nous avons perdu tout le reste dans l'incendie.

– Pas tout à fait, rectifia Walter. Grâce à mon écuyer, nous avons nos chevaux et l'équipement qui se trouvait dans l'écurie.

Guillaume, les rejoignant, entendit la plainte de Réginald. Malgré les circonstances, il avait l'air assez content de lui :

– Et, grâce à moi, nous avons nos armures. J'ai eu le temps de les balancer par une fenêtre de l'étage. Nous allons peut-être sentir la fumée pendant quelques jours, mais nous pourrons participer au tournoi de Tavenne.

– Dans ce cas, nous n'avons aucune raison de nous inquiéter, conclut Walter. Nous rachèterons ce que nous avons perdu avec les gains que nous rapporteront nos victoires.

Les quatre chevaliers revêtirent leur armure, et partirent dans l'aube pâle, abandonnant dans les cendres de l'auberge tout leur linge fin, et quantité d'argent.

Ils atteignirent la cité fortifiée de Tavenne le lendemain, au coucher du soleil. Si elle n'avait pas l'importance de Tarnsberg, la ville portuaire de la côte Ouest où Randal avait fréquenté l'école de sorcellerie, Tavenne était quatre fois plus grande que Doun, le village attenant au château où Randal et Walter avaient grandi.

Le champ clos où devait se dérouler le tournoi était situé à l'extérieur des remparts. Là, les compagnons se séparèrent, et chacun s'éloigna parmi les dizaines de tentes et de pavillons des chevaliers qui participaient aux rencontres du lendemain.

Comme l'avait prévu Guillaume, le pavillon de Walter, après avoir séjourné dans l'écurie ainsi que toute sa sellerie, était imprégné d'une forte odeur de fumée, mais n'avait subi aucun autre dommage.

En bon écuyer, Randal dressa le pavillon et alluma le feu de camp, tandis que Guillaume montait sa propre tente près de celle de Walter. Réginald et Philippe étaient allés s'installer plus loin, ce dont Randal se réjouit. Avec la perte de leur ami Louis, l'humeur de Réginald ne s'était pas améliorée, et si d'aventure il établissait le lien entre l'écuyer et le garçon d'écurie du Basilic, il serait capable de défier Walter sur-le-champ.

La nuit tomba rapidement sur le campement. Telles des centaines d'étoiles scintillantes, lanternes, torches et feux de cuisine s'allumèrent sur le flanc de la colline. Dans le lointain, Randal entendit chanter une ballade, dont la mélodie flottait par-dessus les bruits des hommes et des bêtes se préparant au sommeil.

Fatigué mais content, il commença à faire cuire le dîner. Walter, débarrassé de son surcot et de son armure, et vêtu seulement de sa tunique matelassée, était assis devant le feu à côté de lui, sa pierre à aiguiser à la main, son épée nue sur les genoux.

Tout à coup, le cheval de Walter s'ébroua. Le jeune chevalier bondit sur ses pieds et scruta la nuit, brandissant son épée. Tout près d'eux, dans l'obscurité, une main caressa les cordes d'un luth, et une voix d'alto entonna :

J'aurais pu épouser le troisième fils du roi,
car lui voulait bien de moi,
mais j'ai renoncé à une couronne d'or
pour l'amour de toi.

Randal fut parcouru par un frisson de joie. « Je connais cette voix ! Mais je ne me serais jamais attendu à l'entendre si loin de Tarnsberg. »

– Lys ! appela-t-il. C'est toi ?

– Moi et nulle autre, fit la joueuse de luth en s'avançant dans la lumière du feu.

La nouvelle venue portait une tunique et des chausses de garçon. Ce déguisement n'avait jamais trompé Randal, et Walter ne parut pas non plus s'y laisser prendre. Le chevalier baissa son épée et se rassit avec une expression amusée. Menue, d'ossature fine, la jeune fille pouvait passer pour un garçon aux yeux d'un observateur peu attentif, ce qui la préservait en partie des dangers sur les routes peu sûres de Carnouguel.

Elle donna l'accolade à Randal et recula d'un pas :

– Je suis contente de voir que tu es parvenu jusqu'ici sain et sauf. Qu'est-il arrivé à ton visage ?

– Rien de grave, éluda Randal. Je suis heureux de te retrouver, moi aussi. Mais que diable fais-tu ici ? La dernière fois que je t'ai vue, tu semblais décidée à rester à Tarnsberg jusqu'à ce que les montagnes s'écroulent.

– Ce que je fais ici ? répéta Lys en s'asseyant en tailleur près du feu. Je te cherche, pardi ! Ce qui m'a obligée à laisser tomber un bon travail à Tarnsberg, où il me suffisait de chanter à la taverne du Griffon pour gagner mon dîner tous les soirs. Aussi, tu as intérêt à me montrer un peu de reconnaissance.

Randal la dévisagea d'un air soupçonneux :

– Ce ne serait pas une idée de maître Madoc, par hasard ?

– À vrai dire, si, avoua Lys.

Elle pinça les cordes de son luth, et l'accord resta un instant suspendu dans l'air nocturne, telle une interrogation.

– C'était curieux, d'ailleurs…, continua-t-elle. Il est venu au Griffon un ou deux jours après ton départ, et m'a dit d'empaqueter mes affaires et de le suivre, sans plus d'explications. Il m'a juste indiqué que je devais te retrouver ici avant ton départ pour les montagnes.

Elle secoua la tête au souvenir de cette scène.

– Et je peux t'assurer qu'on n'a pas traîné en route. J'en ai encore mal aux pieds. Moi qui croyais être habituée à la vie errante !

– Madoc est là en ce moment ? s'enquit Randal, plein d'espoir.

Plus de quatre mois s'étaient écoulés sans qu'il ait vu le maître sorcier qui lui avait fait découvrir les prodiges de la magie.

– Non. Il est reparti vers le nord. Je t'attends ici depuis un mois déjà.

Randal eut un instant de déception.

– Il est vrai qu'il n'est pas du genre à s'attarder quelque part, soupira-t-il. Je m'étonne quelquefois qu'il ait eu la patience de rester à Tarnsberg assez longtemps pour terminer son apprentissage.

Walter avait écouté toute leur conversation avec un petit sourire. Il se décida à prendre la parole :

– Ne vas-tu pas me présenter à cette jolie demoiselle ?

Randal sentit ses joues s'empourprer :

– Voici Lys. Elle vient d'Occitanie. C'est une véritable amie.

Après un petit silence, il ajouta :

– Son amitié m'a sauvé la vie.

Walter se leva et s'inclina :

– Dans ce cas, j'ai moi aussi une dette envers vous, demoiselle Lys, puisque Randal est mon cousin. Je suis messire Walter de Doun.

Il se rassit :

– Ainsi, vous êtes une amie de Randal et vous venez de Tarnsberg ? Vous pratiquez la magie ?

– La magie, non. Un petit peu de tout le reste. J'ai été actrice, acrobate… Mais c'est surtout grâce au chant que je subsiste.

Walter se tourna vers Randal et lui dit en riant :

– Je vais finir par croire que les habitants de Tarnsberg sont tous à moitié fous. Toi, héritier d'une baronnie, je te retrouve errant à travers le pays, obligé de nettoyer des écuries pour gagner ta vie. Et voilà une dame des terres du Sud qui chante pour gagner la sienne.

Il recommença à affûter son épée. Sans relever les yeux de son arme, il demanda :

– Allez-vous assister au tournoi, demain, demoiselle Lys ?

– Je ne sais pas, dit-elle.

Elle jeta un coup d'œil à Randal :

– Combien de temps restes-tu à Tavenne ?

– Je suis venu ici comme écuyer de mon cousin, expliqua-t-il. Je ne peux pas partir avant la fin du tournoi.

– Alors, je reste aussi, trancha-t-elle.

Elle se leva et suspendit la courroie de son luth à son épaule.

– Je dois vous quitter. Il y a à Tavenne une auberge remplie de voyageurs à qui on a promis un dîner en musique.

Après son départ, Walter fixa Randal par-dessus le feu :

– Une vaillante demoiselle.

– Oui, fit Randal. En effet.

Walter le regarda encore un peu en silence, puis se lança :

– Elle sait ce qui s'est passé à Tarnsberg, n'est-ce pas ?

Randal baissa les yeux sur les petites langues de flamme rouge qui dansaient parmi les braises. Il revit la chambre de maître Laerg à la Schola, et le démon essayant de lécher le sang sur sa main entaillée par l'épée. Si Lys n'avait pas amené Madoc à son secours, les démons l'auraient emporté.

– Elle sait, dit-il. Elle y était.

Son cousin posa sa pierre à aiguiser et inspecta la lame de son épée, la tournant et la retournant à la recherche d'une éraflure ou d'un endroit émoussé. Les tranchants de l'arme étincelaient à la lueur du feu.

– Si elle est au courant, dit-il enfin, ne peux-tu me confier au moins une partie de l'histoire ?

Randal soupira. Son cousin lui avait apporté son aide, sans jamais insister pour le faire parler. Il lui devait bien le récit de cette aventure.

– J'étais à la Schola, à Tarnsberg, où j'apprenais la magie, commença-t-il. Je n'étais pas très bon, au début, mais j'ai réussi à passer de justesse en troisième année, et j'ai trouvé un maître sorcier qui m'a pris comme apprenti.

– Madoc, toujours ?

– Non, dit Randal. Si seulement… ! Le maître qui m'a formé s'appelait Laerg. C'était un excellent professeur ; il m'a fait beaucoup progresser, et vite. Mais il s'est avéré que Laerg avait des projets… personnels. Il comptait prendre le contrôle du royaume, et il avait conclu un pacte avec des démons pour qu'ils lui accordent le pouvoir nécessaire.

Randal se tut et ranima le feu avec un morceau de bois. Puis il reprit :

– Laerg avait promis aux démons le sang d'un sorcier, en échange de leur aide. Mon sang, pour être précis.

– Tu n'en as pas trop perdu, il me semble, remarqua Walter. C'est à ce moment-là que tu t'es coupé la main ?

– Oui. Il avait une épée, mais pour lui ce n'était pas une arme ; quels qu'aient été ses projets, en cela il pensait en vrai sorcier. Il ne voyait en elle qu'un symbole magique, qui entrait dans la préparation du sort destiné à appeler les seigneurs démons et à les contrôler. C'est moi qui m'en suis servi pour le tuer.

– Bravo, cousin ! s'exclama Walter d'un air satisfait.

– Les régents de la Schola n'ont pas eu ta réaction, répliqua Randal avec un sourire amer. Un sorcier, même simple apprenti, renonce à utiliser toute arme de chevalier. Alors, d'une main, les régents m'ont tapoté l'épaule pour me remercier et, de l'autre, ils m'ont donné une belle claque. Après m'avoir élevé au rang de compagnon sorcier, ils m'ont fait jurer de ne plus avoir recours à la magie tant que je n'en recevrais pas la permission.

– Et c'est pour ça que tu en es réduit à dormir dans des écuries et à te laisser frapper par des gens comme Réginald ? À mon sens, tu devrais ravaler ta fierté et rentrer à la maison, jusqu'à ce que tes régents lèvent l'interdiction !

– Ce n'est pas ainsi que les choses se passent, objecta Randal. Je ne peux pas me contenter d'attendre sans rien faire. Je dois me rendre chez un sorcier du nom de Balpesh – il vit dans la montagne pas très loin d'ici – et obtenir son autorisation pour pratiquer de nouveau la magie.

Walter grogna :

– Et, bien sûr, si tu te fais tuer en vagabondant de-ci, de-là, sans épée ni sort pour te protéger, ce ne sera pas leur faute ? Ce sont de drôles d'oiseaux, ces régents, si tu veux mon avis !

Les deux cousins achevèrent leur repas en silence, éteignirent le feu et rentrèrent sous le pavillon. Walter s'enroula dans ses couvertures et ne tarda pas à ronfler. Randal fut moins prompt à trouver le sommeil. Il se demandait pourquoi maître Madoc avait envoyé Lys à sa rencontre à Tavenne. Il s'endormit tout en ruminant cette question… et il rêva, sachant bien qu'il rêvait. Il rêva qu'il se réveillait dans le pavillon vide, la paillasse de son cousin repliée, ses vêtements et son armure envolés. À en juger par la lumière du jour qui inondait le campement, il ne devait pas être loin de dix heures du matin ; le tournoi allait bientôt commencer. Déjà, Randal entendait claironner les trompettes et les cors qui appelaient les combattants sur la lice.

« Je ne me suis pas réveillé, pensa-t-il dans son rêve. Walter va me tuer si je ne le retrouve pas avant le début des joutes. »

Il s'habilla, sans oublier son surcot d'écuyer, et sortit à la hâte. Curieusement, le campement paraissait vide, lui aussi. Un vent froid agitait les bannières, faisant battre la toile des pavillons ; mais Randal ne perçut pas le moindre signe de vie. Le seul bruit qui s'élevait aux alentours était le soupir du vent.

Les cors résonnèrent une seconde fois.

« Tout le monde doit déjà être sur place », se dit Randal en se dirigeant vers le son des instruments.

Quand il atteignit le champ clos, le tournoi était sur le point de commencer. Des chevaliers en armure arpentaient la pelouse à grands pas. Les uns s'affairaient à vérifier et ajuster une dernière fois leurs armes et leur armure, d'autres exécutaient des moulinets pour s'échauffer les muscles, d'autres encore houspillaient les écuyers et les palefreniers qui s'occupaient de leur cheval. Des dames en tenue élégante se pressaient sous un auvent en bordure du terrain. Des serviteurs de toutes sortes, arborant les couleurs de nombreux nobles et chevaliers, couraient s'acquitter de missions variées. Des hérauts vêtus de tabards[1] bigarrés consultaient leurs parchemins et discutaient entre eux avec véhémence, avant de se replonger dans leurs rouleaux.

Et tous, dames et chevaliers, gens de haute ou de basse naissance, tous étaient des bêtes, même s'ils marchaient comme des hommes. Ici un chevalier, retirant son casque, révélait les crocs d'un loup gris ; là, une dame se tournant vers Randal dévoila, encadré d'une guimpe[2] de lin, le museau pointu et vicieux d'une belette.

« Je n'aime pas cela », songea-t-il.

– Walter ! appela-t-il à voix haute, cherchant partout l'écu orné d'un pin de son cousin. Walter !

Enfin, il repéra dans la foule sa haute silhouette en armure. Lys l'accompagnait, habillée comme il ne l'avait jamais vue, avec une robe de noble dame. À son soulagement, il constata qu'ils avaient tous deux

1. Un tabard est un manteau court porté sur l'armure.
2. Une guimpe est un morceau de toile couvrant la tête et encadrant le visage.

leur visage ordinaire ; mais ni l'un ni l'autre ne semblaient remarquer que le chevalier avec lequel ils discutaient avait le groin hérissé de poils et les petits yeux féroces d'un sanglier.

– Walter ! Lys ! cria Randal de toutes ses forces en s'élançant vers eux.

Aucun des deux ne parut l'entendre. Ils saluèrent poliment le chevalier-sanglier et se mêlèrent à la foule des animaux. Randal les perdit de vue.

Il se lança à leur poursuite, se faufilant dans la cohue. Ils restaient toujours hors d'atteinte, le laissant juste entrevoir les cheveux roux de Walter ou la masse de boucles noires de Lys avant de disparaître à nouveau. Il les appela encore et encore, mais les grognements des hommes-bêtes, lui bourdonnant aux oreilles, étouffaient ses cris.

Soudain, un hurlement humain suraigu fendit l'air, et la foule s'écarta devant lui. C'était Lys qui avait crié. Aux pieds de la joueuse de luth, pétrifiée, Walter gisait dans une mare de sang.

Chapitre 5 : Un sanglant divertissement

Randal fut réveillé par son propre cri. Alarmé, Walter bondit sur ses pieds, l'épée à la main, regardant autour de lui.

Les premiers rayons du soleil qui perçaient la toile de la tente teintaient son visage d'une lueur rougeâtre. L'espace d'une seconde, Randal crut le voir encore couvert de sang ; puis les dernières traces de son cauchemar s'évanouirent.

Ne constatant aucun danger, Walter fixa Randal :

– Au nom du ciel, qu'est-ce qui t'a pris de hurler comme ça ?

Le jeune sorcier inspira profondément :

– J'ai fait un rêve.

– Eh bien, la prochaine fois, tâche d'en avoir un plus calme, tu veux ?

– Je ne plaisante pas, Walter. J'ai fait un rêve. Ce tournoi... Quelque chose ne va pas, ici. Je l'ai vu.

Walter observa son cousin d'un air perplexe :

– Tu as vu quoi ?

– Des ennuis, grogna Randal. De la tromperie. C'étaient tous des bêtes…

– Mais qu'est-ce que tu racontes ?

Randal serra les poings ; dans l'air froid du matin, sa cicatrice lui fit mal. Il se força à s'expliquer lentement, d'une voix mesurée :

– Je parle de l'avenir, Walter. Il m'apparaît parfois par bribes, en rêve.

– Attends un peu, dit Walter en fronçant les sourcils. Tu m'as dit que tu ne pouvais plus pratiquer la magie.

– Ce n'est pas moi qui agis, rectifia Randal avec lassitude. Ça se produit en dehors de ma volonté. Et dans ce rêve-ci… Ne te bats pas aujourd'hui, Walter. Il va y avoir un malheur. Je le sais.

– Mais comment peux-tu le savoir, Randal ? À Doun, ce n'était pas dans tes habitudes de faire des prophéties.

– Je n'avais pas non plus passé trois ans à la Schola, répliqua Randal. Écoute-moi, je t'ai vu à terre, mort, ou guère mieux. Ne te bats pas aujourd'hui, je t'en conjure.

Walter haussa les épaules :

– Et j'aurai l'air d'un parfait imbécile quand les

hérauts annonceront que j'abandonne parce que mon écuyer a fait un cauchemar !

Randal le dévisagea en silence. Il n'aurait su dire si Walter le croyait ou non ; mais l'expression butée de son cousin montrait clairement que toute discussion était inutile.

– Appel du maréchal[1] ! cria une voix à l'extérieur du pavillon. Appel du maréchal dans une heure ! Tous ceux qui se battront aujourd'hui doivent se rassembler sur le terrain dans une heure !

Le héraut s'éloigna en répétant son message à travers le campement. Walter enfila sa tunique matelassée :

– Aide-moi, s'il te plaît. Je n'ai pas beaucoup de temps.

Sans mot dire, Randal aida son cousin à revêtir son armure. Walter attacha son épée à sa courroie, prit son heaume et son écu. Il sortit de la tente et partit à grandes enjambées vers les lieux du tournoi. Randal le suivit des yeux.

« J'ai fait ce que j'ai pu », songea-t-il. Mais cette pensée lui fut d'un piètre réconfort.

---

1. Le maréchal est l'officier qui préside au tournoi. Il donne le signal du combat.

Peu après, il quitta le campement désert et prit la même direction que Walter. C'était une chaude journée. Les armes et les armures des chevaliers étincelaient au soleil. Les couleurs vives des bannières et des surcots égayaient le vert du pré.

Randal scruta les alentours, s'attendant presque à découvrir les têtes d'animaux de son rêve. Il ne vit pas trace de son cousin. En revanche, il trouva Lys aux abords du champ, près de l'endroit où Walter avait planté sa bannière. Un frisson glacé parcourut Randal ; il avait reconnu la robe bleue qu'elle portait dans son cauchemar.

Elle plissa le front à son approche.

– Qu'est-ce qui ne va pas ? s'enquit-elle dès qu'il fut assez près pour l'entendre. Tu en fais une tête, ce matin !

– J'ai rêvé, dit-il.

À ces mots, Lys pâlit légèrement. Sa réaction n'étonna pas Randal. La joueuse de luth ne pouvait avoir oublié la dernière fois où il avait rêvé ainsi. Il avait failli mourir, et il s'en était fallu de peu que maître Laerg détruise l'école de sorcellerie. Elle s'humecta les lèvres et demanda à voix basse :

– Qu'est-ce que tu as vu ?

Il lui raconta. Elle regarda autour d'elle, comme

si les gens risquaient de se transformer sur-le-champ en bêtes sauvages.

– Et ton cousin, questionna-t-elle, tu ne l'as pas mis en garde ?

– Bien sûr que si. Mais c'est une tête de mule, tu n'imagines pas à quel point. J'aurais pu aussi bien me parler à moi-même.

– Qu'est-ce que tu vas faire ?

Randal haussa les épaules :

– Sans ma magie, qu'est-ce que je peux faire, à part espérer m'être trompé ?

À cet instant, un petit groupe de cavaliers portant armes et armure déboula comme le tonnerre, bannières au vent.

Un héraut s'adressa aux nouveaux venus :

– Duc Thibault, prendrez-vous part au tournoi aujourd'hui, vous et vos vassaux ?

– Non, pas aujourd'hui, répondit le chef du groupe. Nous sommes venus assister au divertissement, rien de plus.

– Ça ne me plaît pas, siffla Randal entre ses dents. Je ne sais pas pourquoi, mais ça ne me plaît pas.

– À moi non plus, renchérit Lys. Surtout après ce que tu viens de me dire. Attends, il se passe quelque chose.

Non loin d'eux, deux chevaliers avaient gagné une zone délimitée par des marques, et commençaient à échanger des coups d'épée.

– Le tournoi commence par des combats singuliers, expliqua Randal. Ces deux-là vont se battre jusqu'à ce que l'un d'eux se rende.

– Ils se battent pour quoi ? demanda Lys, perplexe.

– Rien de spécial, généralement, intervint une voix avant que Randal ait pu répondre.

Messire Guillaume, revêtu de son armure, mais sans épée ni bouclier, s'approcha des deux jeunes gens d'un pas nonchalant. Il poursuivit :

– Il arrive que l'un des deux adversaires ait un vrai motif de plainte. Mais, la plupart du temps, ils se battent pour s'entraîner, ou pour l'honneur de remporter la victoire.

À l'instant où Guillaume finissait sa phrase, une voix forte et assurée leur parvint de l'autre bout du terrain :

– Je vous défie, messire Walter de Doun !

– Oh, non, gémit Randal. Pas messire Réginald.

Guillaume eut l'air déconcerté :

– Et pourquoi pas ?

Randal choisit soigneusement ses mots.

– Il a malmené un garçon d'écurie, il y a deux

jours, et Walter l'a empêché de continuer. Il doit encore lui en vouloir.

Randal regarda les deux hommes se mettre en place. Le maréchal annonça d'une voix retentissante :

– Messeigneurs, rendez hommage au duc de Tavenne, notre hôte.

Les deux chevaliers se tournèrent vers le château qui s'élevait au loin derrière les arbres, et décrivirent des moulinets dans l'air avec leur épée.

– Il fut un temps où, avant l'assaut, les maréchaux de Carnouguel demandaient aux chevaliers de rendre hommage au roi, fit remarquer messire Guillaume.

– Vous vous souvenez de cette époque ? s'enquit Lys.

Carnouguel n'avait plus de roi depuis des années, depuis que le grand roi était mort et que sa fille, encore bébé, avait disparu.

– Oh non ! répondit Guillaume en riant. Ai-je l'air aussi vieux que cela ? Mon père me l'a raconté.

– Rendez hommage à votre noble adversaire ! enjoignit le maréchal aux deux chevaliers, qui se saluèrent en faisant tinter leur épée d'un coup sec sur leur écu.

– Pour l'honneur et pour la gloire, tenez-vous prêts ! s'écria le maréchal.

Pendant un moment, aucun des deux hommes ne bougea. Puis Randal, les yeux rivés sur eux, entendit Lys retenir son souffle tandis que Walter faisait glisser son écu de son bras gauche dans l'herbe. Saisissant son épée à deux mains, le jeune chevalier brandit la lame à la verticale devant lui.

– Beau geste, murmura Guillaume d'un ton admiratif. Très beau geste.

– Je ne comprends pas, dit Lys. Pourquoi a-t-il jeté son bouclier ?

– Il tient son épée à deux mains, comme si c'était une épée de brèche[1], répondit Guillaume. Cela donne davantage de force à ses coups, et lui permet de diversifier ses angles d'attaque. Mais c'est risqué ; la lame doit servir à la fois d'épée et de bouclier. Seul un homme sûr de son habileté peut choisir de se battre ainsi en combat singulier.

Messire Guillaume avait l'air impressionné, mais ses paroles ne firent qu'accroître les craintes de Randal. « Walter se bat de cette façon pour faire savoir au monde entier le peu d'estime qu'il a pour Réginald, pensa le jeune sorcier. Si le garçon d'écurie brutalisé par Réginald n'avait pas été son cousin, Walter se

1. L'épée de brèche, très lourde, est dotée d'une lame très longue et ne peut se tenir qu'à deux mains.

serait contenté de combattre avec son bouclier, sans chercher à en rajouter. Mais voilà qu'il se croit obligé d'enfoncer le clou… »

À présent, les deux chevaliers se déplaçaient en cercle, gardant leurs distances. Puis Réginald s'élança, l'épée haute, prêt à l'abattre sur le casque de Walter.

– Tout est dans le style, expliqua messire Guillaume sans quitter les combattants des yeux. Walter porte une épée de quatre pieds. Elle est plus longue et plus lourde que celle de Réginald, mais on peut la manier d'une seule main, à condition d'avoir la force nécessaire.

– Et Walter ? s'inquiéta Lys. Est-il assez fort ?

Randal repensa à l'attaque des brigands, pendant laquelle son cousin, d'une seule main, avait fait décrire à son épée un arc de cercle, zébrant l'air d'éclairs d'acier.

– Oui, lui assura-t-il. Walter est assez fort.

Entre-temps, Walter avait aisément paré le premier coup de Réginald, mais cette attaque n'était qu'une feinte. Réginald, baissant son arme, tenta d'atteindre les côtes de son adversaire. Walter repoussa l'assaut ; les deux lames s'entrechoquèrent en tintant, avant de se séparer.

Walter s'attaqua à la jambe de son adversaire, qui contra en inclinant son bouclier vers le bas ; vif comme l'éclair, Walter profita de la vitesse du rebond pour exécuter un demi-cercle, visant du plat de l'épée le casque de Réginald. Celui-ci, reculant d'un pas, voulut parer, mais la supériorité de l'arme de Walter, plus longue et plus lourde, le désavantagea. Sous la violence du coup, porté à deux mains par Walter, l'épée de Réginald, qu'il brandissait au-dessus de sa tête, rebondit sur son propre heaume.

Réginald projeta en avant son bouclier, dont la bordure métallique cogna la poitrine de Walter. Prenant appui dessus, celui-ci pivota et, se déhanchant, ajouta la puissance de son bassin à celle de ses épaules, et abaissa sa lame de toutes ses forces. Réginald, qui s'avançait vers lui, fut touché à l'arrière du crâne. Il vacilla, bascula en avant et tomba face contre terre.

Son épée dans la main gauche, Walter se pencha sur Réginald et le tira par l'épaule pour le retourner. Puis il plaça la pointe de son arme sur la fente aménagée pour les yeux dans le casque de son adversaire.

– Vous rendez-vous, messire chevalier ?

La main de messire Réginald, protégée par un gantelet, lâcha la poignée de son épée :

– Je me rends.

Walter aida Réginald à se relever. Puis les deux hommes se dirigèrent vers le ruban coloré qui délimitait le terrain, se glissèrent par-dessous, et se fondirent dans la foule des chevaliers, tandis que les hérauts inscrivaient le résultat du duel.

– C'est tout ? demanda Lys, incrédule.

– Un combat ne se limite pas à ce qu'on voit, répondit Guillaume. Messire Walter possède maintenant les armes et l'armure de messire Réginald. Si celui-ci veut les récupérer, il devra les lui racheter.

Peu de temps après, Walter rejoignit Randal et ses compagnons, portant son heaume au creux du coude gauche. La sueur coulant de ses cheveux traçait des rigoles noirâtres sur son visage maculé de poussière.

– De l'eau, réclama-t-il à Randal d'une voix rauque. Le duel fut rude !

Randal se hâta d'aller remplir un gobelet à l'un des tonneaux installés aux angles du terrain. Il le tendit à son cousin en grommelant :

– T'es-tu assez battu, maintenant ?

– Non, répliqua Walter.

Il vida le gobelet d'un trait et le lui rendit.

– Je me suis bien amusé, et je me sens en forme. J'ai besoin de m'entraîner pour savoir me battre quand la guerre éclatera. Et je ne connais pas d'autre moyen.

– Si la guerre éclate, tu veux dire.

Walter secoua la tête :

– Quand elle éclatera.

Les hérauts lancèrent le cri d'armes[1] pour la grande mêlée[2], le combat courtois[3] auquel participaient tous les chevaliers. Après avoir bu un second gobelet d'eau, Walter se remit en selle et partit rejoindre les autres. Cette fois, il emporta son écu.

Lentement, l'après-midi s'écoula. Guillaume avait quitté Randal et Lys pour participer à la mêlée. Du terrain leur parvenaient les cris et les chocs des passes d'armes ; parfois, deux chevaliers venaient s'affronter sous leurs yeux en combat singulier. Cependant, le temps leur semblait long.

Il arrivait qu'un chevalier quitte le terrain en escortant un prisonnier. Walter se montra une fois, conduisant lui aussi un captif, et Randal en profita pour lui demander comment les choses se passaient.

– Pas mal, ma foi, répondit son cousin. J'ai capturé celui-ci, et deux autres. Quand ils m'auront payé

1. Le cri d'armes est l'appel par lequel le maréchal annonce le début du combat aux participants.
2. La mêlée est un combat collectif auquel peuvent participer tous les chevaliers engagés dans un tournoi.
3. Le combat courtois s'effectue avec des armes à la pointe et au tranchant émoussés pour ne pas blesser son adversaire.

la rançon pour récupérer leurs chevaux et leurs armures, je pourrai remplacer tout ce que j'ai perdu dans l'incendie.

Soudain, Randal perçut des remous dans l'assistance. Les hommes du duc Thibault enfourchaient leurs montures.

– J'ai changé d'avis, lança le duc au maréchal en chef en pressant son cheval vers le terrain, imité par toute sa troupe. Nous participons au tournoi aujourd'hui !

– Ce n'est pas juste ! s'indigna Lys. Ses hommes sont frais comme des gardons, alors que les autres combattent depuis ce matin.

– Qui parle de justice ? grommela Randal avec amertume. J'avais raison. Ce ne sont pas les bêtes sauvages qui manquent, ici.

– Ça, j'aurais pu te le dire, fit son cousin avec un petit rire. Ce n'est pas la première fois que j'ai affaire à ces brutes, et je m'en suis toujours bien tiré.

Walter fit faire volte-face à son cheval et rejoignit la mêlée. Peu après, Guillaume émergea de la cohue des combattants, suivi du duc Thibault. Le jeune chevalier s'était fait capturer. Il retira son heaume et sa cotte de mailles et gagna la zone réservée aux prisonniers au bout du terrain.

Puis, vers la fin de l'après-midi, Walter émergea du tumulte, menant un cavalier par les rênes de son cheval. Le captif était facile à reconnaître : c'était le duc Thibault en personne.

Randal les regarda traverser la plaine au galop, esquivant les tentatives de sauvetage que les hommes du duc lançaient sur leur passage. Tandis qu'ils se rapprochaient, Randal vit que Walter portait l'épée de Thibault coincée dans sa ceinture. En bordure du terrain, les deux hommes sautèrent à bas de leur monture. Un groupe de chevaliers se pressa autour d'eux.

Soudain, plusieurs hommes se mirent à crier en même temps, et la foule s'écarta. Randal se rua vers eux, avec la froide certitude qu'il allait découvrir son cousin gisant inerte sur le sol. Il ne s'était pas trompé : tout se déroulait comme dans son rêve, en pire ; le sang jaillissait sous l'épaule droite de Walter, colorant son surcot d'un hideux rouge sombre.

« J'ai pourtant essayé de le mettre en garde », songea Randal.

Il courut jusqu'à lui, suivi de près par Lys.

« J'ai essayé... Mais que vais-je faire maintenant ? »

Il s'agenouilla à côté de son cousin et entreprit de lui retirer son heaume, qui résistait.

– Que s'est-il passé ? demanda-t-il.

– Quelqu'un l'a frappé dans le dos avec une masse d'armes.

Randal reconnut la voix de Guillaume. Sans prendre la peine de le regarder, il questionna :

– Avez-vous vu qui a fait ça ?

– Non. Je n'ai vu que la masse d'armes.

Guillaume hésita avant d'ajouter :

– Mais messire Réginald n'était pas loin lorsque ça s'est produit.

Randal dégagea enfin la tête de son cousin du lourd casque de métal, qu'il posa par terre. Walter, le visage couvert d'une sueur froide, avait le teint grisâtre et les lèvres bleues.

– On a besoin d'une guérisseuse, déclara Randal. Lys… ?

– Je vais en trouver une, promit-elle.

Elle partit en courant.

Randal s'accroupit et regarda autour de lui, cherchant quelqu'un pour l'aider à porter Walter jusqu'à sa tente. Il ne vit aucune trace du duc Thibault. Apparemment, le noble prisonnier, profitant de la confusion, s'était éclipsé sans payer la rançon pour son cheval et son armure. Randal se mordit les lèvres. « Ce n'est pas l'envie qui me manque de lui courir après et de la lui réclamer moi-même. Mais, avec

Walter dans cet état, je ne peux pas perdre de temps. »

Randal jeta un coup d'œil à Guillaume. Ce dernier était pâle et inquiet.

– Aidez-moi à le ramener à la tente, lui demanda Randal. Si on réussit à le hisser sur un écu…

En joignant leurs efforts, le chevalier et le compagnon sorcier parvinrent à glisser un bouclier sous le corps de Walter, qui avait perdu connaissance, et le transportèrent jusqu'à son pavillon. Là, avec mille précautions, ils commencèrent à lui ôter son armure. La lourde cotte de mailles leur donna du fil à retordre. Elle recouvrait Walter du cou jusqu'aux genoux, et menaçait de l'étouffer sous son poids. Lorsqu'ils parvinrent enfin à la lui enlever, Randal découvrit que la tunique de Walter était trempée de sang.

« Au moins, il respire encore », se rassura-t-il.

Le jeune sorcier refusait de penser à ce qu'il trouverait sous les habits ensanglantés. Selon Guillaume, Walter avait été frappé par une masse d'armes ; cette redoutable massue de métal, garnie de pointes, déchirait la chair et faisait éclater les os.

Randal ne se sentait pas encore le courage de retirer la tunique matelassée quand la guérisseuse se présenta dans la tente, suivie de Lys.

– Je suis revenue aussi vite que j'ai pu, haleta la

musicienne, essoufflée. Mère Lancelin est la meilleure guérisseuse de la ville. Je l'ai trouvée en train de soigner coupures et contusions, et je l'ai convaincue que nous avions un cas plus urgent.

Déjà, la vieille femme s'agenouillait auprès de Walter.

– Vous n'auriez pas dû le déplacer, reprocha-t-elle à Randal et Guillaume. Un fragment d'os aurait pu lui transpercer le poumon, ou perforer une artère, et alors aucun talent sur terre n'aurait pu le sauver.

Cependant, elle se mit à examiner le blessé, découvrant son épaule pour mieux voir la plaie. Randal, pris de nausée, baissa les yeux, avant de se forcer à les relever. Derrière lui, messire Guillaume se détourna.

La guérisseuse regarda Randal.

– Allez me chercher de l'eau, lui enjoignit-elle. Et de la lumière. Ensuite, laissez-moi, que je puisse préparer mes sorts en paix.

Randal obéit. Puis, avec Lys et Guillaume, il attendit dehors que la mère Lancelin ait fini son travail. Lorsqu'elle émergea de la tente, à la nuit tombée, son dos était voûté, et son pas lourd et traînant.

Randal avait les lèvres sèches.

– Alors ?

– J'ai fait du mieux que j'ai pu, dit-elle. Mais je doute qu'il m'en remercie.

Randal se sentit soudain glacé :

– Pourquoi ? Qu'est-ce qui ne va pas ?

– Celui qui l'a frappé avait le bras puissant, répondit la guérisseuse. L'omoplate est brisée en plusieurs endroits, et je ne peux pas la réparer.

– Il va mourir ? s'affola Lys

La guérisseuse haussa les épaules d'un air las :

– Il ne doit pas bouger pendant six semaines. S'il se tient tranquille, il guérira autant qu'on peut l'espérer. J'ai remis en place tous les morceaux d'os. Ça, du moins, c'était dans mes capacités. Mais il faudrait l'intervention d'un maître sorcier pour que cette épaule fonctionne de nouveau.

Chapitre 6 : Dans la montagne

La guérisseuse s'éloigna en marmonnant. Randal, Guillaume et Lys pénétrèrent dans la tente. Walter était allongé sur le ventre, son bras blessé maintenu sur le côté par des bandelettes de tissu. À la lumière de la bougie brûlant dans la lanterne, Randal vit que son cousin était revenu à lui.

Walter fixa sur lui ses yeux noisette, voilés par la douleur :

– J'aurais dû t'écouter.

Randal ne sut quoi répondre. Lys l'interpella :

– Tu as étudié à la Schola, Randal. Fais quelque chose !

Messire Guillaume eut l'air stupéfait :

– Comment ? Un sorcier ?

Randal l'ignora.

– Tu sais bien que je ne peux pas, objecta-t-il en s'adressant à Lys. Quand bien même je le pourrais, la guérisseuse a dit vrai : pour soigner une épaule dans cet état, il faudrait le talent d'un maître sorcier, et encore, pas n'importe lequel.

– Eh bien, insista Lys, tu vas bientôt en voir un, non ?

Randal laissa échapper un rire sans joie :

– Je ne suis pas particulièrement bien placé pour demander des faveurs à Balpesh.

– C'est vrai, articula Walter avec peine. Mais rien ne m'empêche de lui demander, moi.

– Tu dois rester ici jusqu'à ce que ton épaule guérisse, rétorqua Randal. Mère Lancelin a dit…

– Je ne suis pas sourd, le coupa Walter. J'ai entendu ce qu'elle a dit. Je pars avec vous.

Randal se rappela la description du chemin de montagne menant chez Balpesh, telle que Madoc la lui avait fournie à la Schola. Il secoua la tête :

– Les chevaux ne peuvent pas passer là où je vais.

– Alors, je marcherai.

Walter avait les traits figés par la souffrance, mais son ton était résolu. Il ajouta, avec plus de légèreté :

– Tu ne vas quand même pas m'abandonner au milieu de ces bêtes sauvages ? Qui que ce soit, celui qui m'a frappé voulait me tuer.

Randal ne trouva pas d'argument à lui opposer. Guillaume demanda doucement :

– Avez-vous vu votre agresseur ?

– Non, dit Walter. Juste une forme vague. J'ai eu le temps de déplacer la tête, mais c'est mon épaule qui a pris.

Il ferma les yeux un moment, puis les rouvrit pour regarder Guillaume :

– Prenez mon armure et mes chevaux, et gardez-les pour moi. Si je ne reviens pas, ils sont à vous.

Toute la nuit, Randal et Lys se relayèrent au chevet du blessé, l'aidant à boire, et le changeant de position quand elle devenait trop inconfortable. Quand l'aube fit pâlir le ciel, Randal enveloppa son cousin dans une grande cape, par-dessus la tunique incrustée de sang coagulé. Avec l'aide de Lys, il lui enfila ses bottes, puis, cédant à sa demande pressante, il lui passa son épée au côté.

– Un chevalier ne se sépare jamais de son épée, murmura Walter, plus pour lui-même que pour les deux autres.

Puis il se leva. Il vacilla, se rattrapa, et parvint à se tenir droit.

Dehors, une brume dense, mêlée à la fumée des feux de camp, flottait au ras du sol. La plupart des participants au tournoi avaient terminé leur journée de la veille par des festivités, et le campement était encore plongé dans le sommeil. Sans un bruit, les trois amis s'en furent.

Avant le milieu de la matinée, Randal avait compris qu'emmener Walter était une grave erreur. Tant que la route ne comporta pas d'obstacles, Walter réussit à suivre le rythme lent de son cousin, même s'il avait le teint pâle et les lèvres serrées. Mais, vers neuf heures, le chemin qui menait à la tour quitta l'axe principal pour remonter le cours d'un torrent rapide qui dévalait la montagne. Randal, respectant les indications de Madoc, emprunta un étroit sentier parallèle au cours d'eau, qui coulait en pente au fond d'un ravin encaissé recouvert de trembles et de bouleaux.

Ils ralentirent à mesure qu'ils grimpaient ; Walter était devenu livide. Néanmoins, ils progressèrent avec régularité jusqu'à un tournant, derrière lequel ils découvrirent un éboulis qui bloquait le passage. Un amoncellement de terre et de pierres s'étendait de la paroi qui s'élevait tel un mur à leur droite, jusqu'à l'eau écumante qui bondissait à leur gauche, barrant entièrement le chemin.

Ils s'arrêtèrent. Walter se laissa glisser à terre, appuya son épaule valide sur un gros rocher et ferma les yeux. Sa respiration était saccadée et sifflante.

Lys se tenait près de lui, les mains sur les hanches, regardant successivement ses deux compagnons.

– Alors ? Que fait-on ? demanda-t-elle. On ne peut pas escalader cet amas de rochers. Pas avec un blessé.

Randal fit un signe d'impuissance et fixa Lys un moment. La jeune musicienne avait revêtu pour le voyage les habits de garçon qu'elle affectionnait, et portait son luth en bandoulière dans un étui de cuir.

Il devait reconnaître que, des trois, elle était la plus accoutumée à la vie sur les chemins ; si elle affirmait qu'ils ne pouvaient pas escalader les rochers, c'était sûrement vrai.

– Alors, il ne nous reste plus qu'à dégager le passage, décréta-t-il. Walter, prête-moi ton épée quelques minutes.

Son cousin ouvrit les yeux :

– Tu ne vas pas utiliser ma lame comme levier ?

– Non, le rassura Randal. Elle va me servir de hache. L'un de ces jeunes sapins fera un bon levier, si je réussis à l'abattre.

– Une hache, répéta Walter en levant les yeux au ciel. C'est ça, ta magie ? Transformer une arme de chevalier en outil de bûcheron ?

Randal soupira.

– Avec la magie, il y aurait une bonne douzaine

de moyens de franchir cet éboulis, dit-il avec irritation. On pourrait léviter, ou invoquer un esprit élémentaire pour qu'il jette tous ces rochers dans le torrent. Dans le cas présent, je suis obligé d'employer le moyen le plus difficile. Tu veux bien me prêter cette épée ?

Il regretta aussitôt son énervement, car Walter, déjà, tirait péniblement son épée de la main gauche.

– Désolé, marmonna Randal en prenant l'arme.

Sa cicatrice lui fit mal lorsqu'il resserra la main pour raffermir sa prise ; la lame était beaucoup plus lourde qu'il ne s'y serait attendu. Il lui avait suffi d'empoigner la garde pour que ses souvenirs remontent à la surface. Il revit la lourde robe de cérémonie en velours de Laerg, sentit l'odeur âcre de l'encens, et entendit le terrible écho de l'incantation qui avait ouvert les portes sur le monde des démons.

Chassant ces réminiscences, il s'approcha en quelques enjambées d'un petit sapin qui poussait sur la berge et frappa le tronc mince du tranchant de l'épée. Le choc lui vrilla la main.

– Sers-toi de tes deux mains, dit Walter dans son dos. Ça ira mieux.

Randal referma la main gauche sur la base de la poignée et frappa une deuxième fois, de toutes ses forces. Un éclat de bois vola du tronc. Ignorant la douleur de sa paume blessée, Randal se mit à donner des coups répétés sur l'entaille, qui s'élargit peu à peu. La sueur dégoulinait dans son dos, et sa tunique lui collait à la peau.

Enfin, l'arbrisseau s'effondra. Randal l'ébrancha. Puis, aidé de Lys, il entreprit de soulever les rochers avec le tronc pour les faire basculer dans le torrent.

Ils discutèrent tout en travaillant.

– Tu es sûr que nous sommes sur la bonne route ? demanda Lys. Je n'apprécierais guère d'avoir fait tout ce travail pour découvrir ensuite qu'on s'est trompés de chemin.

– Ça correspond en tout point aux indications qu'on m'a données à la Schola, lui assura Randal. Mais cet éboulis… Depuis combien de temps crois-tu qu'il est là ?

Ils s'appuyèrent de tout leur poids sur le levier, et de nouvelles pierres dégringolèrent dans l'eau.

– Ça m'a l'air récent, répondit Lys.

– C'est aussi mon avis, acquiesça Randal.

– Ça signifie quelque chose, d'après toi ?

– Tout signifie quelque chose, répondit Randal. Le truc, c'est de trouver quoi.

Il se redressa pour scruter les alentours.

Des pierres encombraient toujours le sentier, mais la brèche qu'ils avaient créée laissait entrevoir le chemin qui se poursuivait au-delà. À l'emplacement de l'éboulis ne restait qu'un monticule de rochers, accidenté, mais praticable. Au moins, grâce à leurs efforts, ils pouvaient désormais traverser la caillasse, sans avoir à l'escalader.

– On ne fera pas mieux, commenta Randal. Allons-y.

Il aida Walter à se relever et à rengainer son épée. Encadrant le chevalier blessé, Lys et lui le soutinrent pour l'aider à traverser ce passage difficile, et tous trois s'engagèrent dans l'étroit couloir qu'ils venaient d'ouvrir. Des cailloux roulaient sous leurs pieds à chacun de leurs pas tandis qu'ils progressaient avec lenteur sur cet amoncellement instable de pierres et de terre. Mais ils franchirent l'obstacle sans tomber ni trébucher.

Une fois de l'autre côté, ils avancèrent avec plus de facilité. Randal regarda son cousin. Sous le hâle et la poussière du voyage, Walter avait le teint couleur de cendre.

– Tu peux continuer ? s'inquiéta Randal.

Son cousin hocha la tête, mais Randal s'aperçut avec un frisson d'appréhension que ses yeux brillaient de fièvre. Sur son front perlaient des gouttes de sueur, et il serrait les dents, comme s'il n'arrivait à retenir un cri de douleur qu'au prix d'un immense effort de volonté.

Le chemin continuait à grimper. Un peu plus loin, il s'écartait du cours d'eau, bifurquait vers la droite, et montait en pente raide, dessinant des lacets en épingle à cheveux le long d'un précipice. Sur la gauche, l'à-pic, émaillé de gros rochers, plongeait dans le torrent en contrebas. Sur la droite, une paroi rocheuse s'élevait droit vers le ciel.

Bientôt, le sentier prit la forme d'un escalier, taillé à même le roc. Randal se souvint qu'il figurait dans les indications du trajet. L'ermitage de Balpesh n'était plus très loin. Déjà, de là où il se trouvait, il lui semblait distinguer sur les hauteurs une tour en pierre, se découpant dans un col étroit entre deux pics montagneux.

« Mais est-elle assez près ? » se demanda-t-il avec angoisse. À chaque pas, Walter titubait, et Lys devait le retenir, une épaule passée sous son bras gauche. L'air s'était rafraîchi. Bien qu'on ne fût qu'au milieu de l'après-midi, les hautes cimes masquaient presque entièrement le soleil, et le vent qui soufflait des sommets enneigés fit frissonner Randal. À aucun moment, Walter ne s'était plaint, mais son cousin devinait qu'il devait être glacé jusqu'aux os.

– Reposons-nous un peu, proposa-t-il. Ça ne nous fera pas de mal.

Lys lui adressa un bref regard de reconnaissance en aidant Walter à s'asseoir. Puis elle s'approcha de Randal.

– Tu crois qu'on arrivera à la tour avant la nuit ? lui demanda-t-elle à mi-voix.

– On n'est plus très loin, lui assura-t-il. Mais, si je me souviens bien, il va d'abord falloir traverser le torrent.

– Comment ?

– Il doit y avoir un pont. Là-haut, à l'endroit où la gorge se resserre.

– J'espère que tu as raison, souffla Lys.

Elle tourna les yeux vers Walter, recroquevillé dans sa cape, puis regarda Randal d'un air grave :

– Parce que je ne crois pas que ton cousin résisterait à une nuit dehors.

Ils se remirent en route, gravissant avec peine, marche après marche, l'escalier taillé dans le roc. Brusquement, après un tournant à angle droit, ils découvrirent que le chemin était coupé par un profond ravin, au fond duquel coulait un torrent. Les deux tronçons du sentier avaient été reliés autrefois par un pont de pierre. L'arche du milieu s'était effondrée, et près de cinq mètres séparaient les deux pans restés debout. À côté du pont, de l'autre côté du ravin, s'élevait un grand sapin foudroyé. Sur la rive où ils se tenaient, il n'y avait rien d'autre qu'une souche.

– Et voilà, dit Walter. Nous sommes bloqués.

À leurs pieds, une centaine de mètres plus bas, le torrent, mince comme un ruban, rebondissait en écumant sur des rochers acérés. Penché au-dessus de l'abîme, Randal y jeta une pierre, qui disparut dans les profondeurs. Aucune éclaboussure, aucun son ne signala qu'elle avait touché l'eau. Il se retourna pour examiner les ruines du pont.

– Non, il y a un moyen ! s'exclama-t-il. Cet arbre mort est plus long que la largeur du trou. Si on parvient à l'abattre, on aura notre pont.

– Au cas où tu ne l'aurais pas remarqué, objecta Lys, le tronc est du mauvais côté de l'abîme.

– Je sais, fit Randal. Je vais devoir sauter.

– Erreur, rectifia Lys. C'est moi qui vais sauter.

Randal la dévisagea, interloqué :

– Toi ?

– Moi.

Malgré sa pâleur, son expression était déterminée.

– Je suis plus légère que toi, et j'ai été acrobate. Si tu manques ton coup, tout sera terminé. Pas de magie, pas de guérison pour Walter, rien. Si c'est moi qui rate… qu'importe une joueuse de luth de plus ou de moins ?

Elle fit passer la courroie de son instrument par-dessus sa tête et la lui mit dans les mains.

– Tiens-moi ça.

Sans plus de discussion, elle quitta le sentier, s'éloignant du pont en ruine, et se dirigea vers l'endroit où l'espace entre les deux escarpements était le plus étroit. En s'agrippant aux prises qu'offrait la paroi, elle parvint bientôt à un point où les deux murailles de pierre n'étaient séparées que par trois mètres de vide.

– Elle n'y arrivera jamais, marmonna Walter entre ses dents.

– Si, elle y arrivera, affirma Randal.

« J'espère », pensa-t-il très fort. Lys avait le pied sûr, et plus de force qu'il n'y paraissait ; pour sa part, il n'avait jamais tenté un saut aussi long, et encore moins au-dessus d'un précipice au fond tapissé de roches et d'eau.

Il se mordit la lèvre, et inspecta de nouveau le pont. Au niveau de la fracture, la pierre ne portait aucune marque d'usure et n'était recouverte que d'une fine couche de poussière fraîche. La souche à sa droite révélait un bois encore blanc, qui n'avait pas eu le temps de sécher. L'effondrement de l'arche ne devait pas remonter à plus de trois jours ; selon toute vraisemblance, il s'était produit au même moment que l'éboulis qu'ils avaient franchi.

Randal frissonna, et ce n'était pas à cause du vent. Il avait un mauvais pressentiment ; qu'est-ce qui les attendait à la tour du sorcier, si toutefois ils y arrivaient ?

Ayant atteint l'endroit le plus resserré de la gorge, Lys lui fit un petit signe, se ramassa tel un chat et bondit au-dessus du vide.

Elle manqua l'autre rebord de peu. Impuissant, Randal la vit glisser, les mains tendues à la recherche d'une prise. « C'est moi qui aurais dû sauter, pensa-t-il, désespéré. Pourquoi l'ai-je écoutée ? »

Dans une avalanche de pierres mêlées de terre, Lys réussit à s'agripper à une mince saillie, sous laquelle la falaise plongeait à la verticale. Elle coinça son pied dans une anfractuosité, se rétablit centimètre par centimètre, et se hissa en rampant le long de la paroi. Enfin, elle balança une jambe sur le bord du chemin creusé dans la roche, et s'y projeta en roulant sur elle-même. Elle resta là un instant, étendue de tout son long. Puis elle se releva pour gagner en courant l'autre extrémité du pont.

Elle poussa avec énergie sur le tronc de l'arbre foudroyé, qui vacilla légèrement.

– Les racines ne sont pas profondes ! cria-t-elle. Je vais le faire basculer !

S'y adossant, elle commença à lui imprimer un mouvement de balancement. L'arbre mort s'effondra dans un grand craquement. Son faîte s'affala sur la rive opposée, où attendaient Randal et Walter. La base du tronc, du côté de Lys, était bien calée, bloquée entre deux rochers.

– Le voilà, notre pont ! triompha Randal. Allons-y !

Il aida Walter à se relever et ils se dirigèrent vers l'arbre. Walter secoua la tête en inspectant le pont de fortune :

– Pas sûr que ça tienne. J'y vais le premier. Si le tronc se brisait lors de ton passage, je mourrais sans doute avant d'avoir pu regagner Tavenne. S'il cède pendant que je traverse, je disparaîtrai juste un peu plus tôt. Et, de toute façon, quitte à ce que l'un de nous meure, il vaut mieux que ce soit moi.

Randal s'apprêtait à protester, puis se ravisa. Si Balpesh ne pouvait pas, ou ne voulait pas, soigner

Walter, le jeune chevalier serait à jamais dans l'incapacité de se servir d'une épée. « Je comprends pourquoi il prend tous ces risques. Au fond, il lui importe peu de mourir au cours de ce voyage. »

En silence, Randal garda les yeux rivés sur son cousin tandis que celui-ci, lentement, péniblement, franchissait l'abîme. Ne pouvant utiliser ses bras comme balancier, Walter enjambait avec soin chaque branche qui partait du tronc. Le vent qui montait de la gorge agitait le bas de sa tunique et faisait voler ses cheveux devant son visage. À ses deux extrémités, l'arbre tremblait, et ce mouvement déplaçait peu à peu les pierres qui le maintenaient. Au bout d'un moment qui leur parut durer une éternité, Walter atteignit l'autre rive et s'effondra contre Lys, qui l'aida à s'asseoir avec douceur.

Randal passa le luth de Lys en bandoulière et s'engagea sur le tronc. Il le sentait vibrer sous ses pieds, et entendait le grincement des branches contre les pierres. Le vent froid soufflait dans son dos. Il jeta un regard en bas, et reporta aussitôt les yeux droit devant lui.

Au moment même où il posait le pied sur le sentier, le tronc vacilla. Les dernières racines qui le fixaient encore au sol s'arrachèrent de terre dans un claquement sec, et l'arbre bascula dans la gorge. Randal s'affala lourdement, se gardant bien de le regarder tomber.

– Cette fois, ça y est, dit Lys. Plus question de faire demi-tour.

De ce côté-ci de l'abîme, le chemin ne présentait plus de difficultés. Le sentier, s'éloignant du rebord de la falaise, se transforma en une volée de marches raides creusées dans la roche. Elles aboutissaient à une hauteur, d'où les trois compagnons découvrirent en contrebas un petit carré de terre fertile, enchâssé dans l'âpre paysage montagneux.

Un ruisseau, traversant la vallée, longeait une cour de ferme clôturée de bois tressé, qui comprenait une grange, un poulailler et un jardin potager. Au milieu de cette cour, une tour se découpait, toute noire, sur la pierre gris blanc de la montagne qui s'élevait derrière elle. Le soleil était en train de disparaître derrière le pic, et de longues ombres mauves sillonnaient la petite vallée.

– Bon, nous y sommes, dit Randal.

« Pas trop tôt », ajouta-t-il pour lui-même. Walter chancelait. Randal et Lys échangèrent un coup d'œil inquiet, et se placèrent de chaque côté de lui pour le soutenir.

Ils descendirent la pente douce qui menait à la clôture. Un simple portail, destiné à empêcher plutôt les animaux de quitter l'enclos que les hommes d'y pénétrer, barrait le chemin. Randal l'ouvrit et entra. Inspectant la cour, il vit deux chevrettes aux pis lourds qui attendaient près du tabouret à traire en poussant des bêlements pitoyables. Dans la porcherie, une truie fouillait du groin son auge vide.

« Je n'aime pas cela, pensa Randal. Pourtant, il ne peut s'agir que de la tour de Balpesh. »

Son malaise s'accrut tandis qu'ils remontaient l'allée pavée conduisant à la porte d'entrée. Elle était fermée, et les volets de la tour étaient rabattus sur les fenêtres. On ne voyait pas de loquet à l'extérieur. Randal frappa à la porte.

– Holà ! cria-t-il. Ouvrez !

Il n'y eut pas de réponse. Lys ramassa une pierre et s'en servit pour cogner à la porte, joignant sa voix à celle de Randal.

Le jeune sorcier s'aperçut que les mains de la jeune fille étaient en sang.

– Pourquoi m'avoir caché que tu t'étais fait mal en escaladant le rocher, tout à l'heure ?

– Elle ne s'est pas blessée, intervint la voix affaiblie de Walter derrière eux. C'est mon sang. La blessure s'est rouverte quand j'ai traversé le tronc.

Lys et Randal martelèrent la porte avec une énergie redoublée.

– Balpesh ! cria Randal. Laissez-nous entrer ! Nous avons un blessé ! Aidez-nous !

La seule réponse qui leur parvint fut l'écho de leurs cris, renvoyés par les collines désertes et glacées.

Chapitre 7 : La tour

– Alors, que fait-on ? demanda Lys.

– Je ne sais pas, avoua Randal. Reste ici, je vais jeter un coup d'œil.

Il entreprit d'explorer les lieux. Il fit d'abord le tour de l'habitation, sans y découvrir d'autre accès. Le rez-de-chaussée ne comportait pas de fenêtres. Il visita le corps de ferme et n'y trouva personne non plus.

« Je n'arrive pas à formuler ce que je ressens », songea-t-il. Trois ans d'études à la Schola avaient développé en lui des perceptions que la majorité des gens n'exploitaient jamais ; bien avant d'avoir fini son inspection, il avait la chair de poule et ses cheveux s'étaient hérissés sur sa nuque.

« Il y a de la magie en action ici. J'en suis sûr. »

Il revint devant la tour, où Walter, à demi affalé sur le seuil, s'appuyait de son épaule valide contre la porte close.

À quelques mètres de lui, Lys faisait les cent pas, nerveuse comme un chat. Elle sursauta en l'entendant arriver.

– Oh, c'est toi, dit-elle. Tu as découvert quelque chose ?

– Rien. Il n'y a pas d'autre accès que cette porte.

Walter rit avec effort :

– Je suppose que l'usage d'un bélier n'est pas recommandé.

Randal se tourna vers lui :

– Crois-moi sur parole, cousin, ceux qui pénètrent par effraction chez un maître sorcier ne doivent pas s'attendre à ce qu'il soit bien disposé à leur égard. Par ailleurs, il y a plus de sortilèges sur cet endroit que de puces sur un chien.

– Sortilèges ou pas, intervint Lys, si on n'entre pas avant la nuit, on devra dormir à l'étable avec les chèvres. À moins que vous ne préfériez le poulailler.

Elle avait parlé d'un ton léger, mais Randal intercepta le regard lourd de sens qu'elle jeta en direction de Walter.

« Il faut qu'il dorme à l'intérieur, pensa Randal. Il fera trop froid dans les bâtiments annexes quand le soleil sera couché et que le vent nocturne soufflera. »

– J'en ai passé, des nuits à l'étable, depuis mon départ de Tarnsberg, déclara-t-il. Mais je ne m'abaisserai pas à dormir avec des chèvres et des poules. Si tu connais un moyen d'entrer, je suis preneur.

– Il y a un proverbe en Occitanie, dit Lys : « Si la porte est fermée, essaie la fenêtre. » Fais-moi la courte échelle jusqu'en haut de la porte, et je verrai ce que je peux faire avec ces volets.

Croisant les mains, Randal forma un étrier, où Lys posa le pied. Il la souleva, et la joueuse de luth s'agrippa en haut du linteau de la porte. Elle se hissa dessus, se balança de gauche à droite et, dans son élan, s'agrippa à une fissure dans la paroi de la tour. De là, elle escalada le mur de pierre jusqu'à la plus proche fenêtre, et se tint en équilibre précaire sur l'étroit rebord.

– Je crois que je peux déboîter les volets ! cria-t-elle à Randal.

– Vas-y ! l'encouragea-t-il. Et tant pis si Balpesh les a ensorcelés.

Mais Lys démonta le volet et le jeta par terre sans que survienne le moindre incident.

La fenêtre était haute, et si étroite que même la frêle musicienne dut se mettre de profil pour se glisser à l'intérieur. Pendant un long moment, aucun bruit ne parvint de la tour. Enfin, la porte s'ouvrit en grinçant, et Lys apparut sur le seuil.

– Entrez, dit-elle.

Ils pénétrèrent dans la bâtisse. Le rez-de-chaussée, bien qu'il servît visiblement de réserve, était presque vide, à l'exception de deux coffres et de quelques tonneaux. Au milieu de la pièce était creusé un puits, au-dessus duquel un seau pendait à une corde. Un escalier circulaire menait au niveau supérieur.

À l'étage, ils débouchèrent sur une grande cuisine au plafond haut et à la cheminée imposante. Près de l'âtre se trouvait un banc à haut dossier, où Walter s'affala lourdement.

– Il fait sombre ici, marmonna-t-il. Et froid.

Le jeune chevalier claquait des dents et grelottait dans son épais manteau de laine. Lys et Randal échangèrent un regard furtif. Lys se hâta d'aller ouvrir les autres volets, et Randal s'agenouilla devant le foyer. Le dernier feu qui y avait brûlé n'avait laissé que des cendres blanches. Le jeune sorcier les toucha.

– Il est complètement éteint, murmura-t-il. Et depuis plusieurs jours.

Lys revint vers le centre de la pièce.

– Regarde, dit-elle en pointant le doigt vers la table. Il s'est passé quelque chose ici, et ça a été soudain.

En effet, la table de la cuisine avait été dressée pour le repas ; la nourriture, intacte, s'était figée dans les plats. Une nouvelle fois, de lourds pressentiments firent courir dans le dos de Randal un frisson glacé. « Cet endroit est saturé de magie, songea-t-il. Une magie puissante, bien au-delà des sorts habituels qu'utilise tout sorcier pour protéger sa maison. »

– Faisons un feu, dit-il. Et allons chercher des couvertures.

Il prit quelques bûches dans la pile de bois entassée près de la cheminée et les posa dans l'âtre, au-dessus duquel était suspendue une marmite en fer. Il constata sans surprise que toute l'eau s'en était évaporée. Le contenu, carbonisé, collait au fond de l'ustensile.

Il sortit son briquet à amadou et fit jaillir une étincelle.

– Être l'apprenti le plus lent de toute la Schola a ses avantages, fit-il remarquer à Walter en alimentant les flammes avec des bûchettes. Il m'a fallu au moins deux ans pour être capable d'allumer ne serait-ce qu'une bougie. En attendant, je me suis perfectionné dans la méthode traditionnelle.

Le feu brûlait avec ardeur quand Lys revint, les bras chargés de literie. Randal et son amie préparèrent à Walter une paillasse devant la cheminée et l'aidèrent à s'allonger. Randal frémit à la vue du sang frais, sombre et luisant, qui coulait sur le côté droit de la tunique déjà incrustée de sang séché, mais il ne dit mot.

« Walter savait qu'il jouait avec la mort en décidant de nous suivre ce matin, pensa le jeune sorcier. On ne peut rien lui dire qu'il ne sache déjà. »

Il enveloppa son cousin dans l'une des couvertures apportées par Lys.

– Tu as trouvé des bougies ? demanda-t-il à la jeune fille. On risque d'en avoir besoin.

– Il n'y en a pas en bas. Je n'ai pas cherché ailleurs. Franchement, Randal, cet endroit me met les nerfs en pelote.

– Ça ne m'étonne pas, fit-il avec une grimace. Mais il va bientôt nous falloir de la lumière.

Randal, qui était agenouillé devant la cheminée, se redressa en frottant la poussière de ses genoux :

– Et si tu surveillais un peu le feu ? De toute façon, il faut que je fouille la maison. Tant que j'y suis, je peux chercher des bougies.

Lys resta un moment silencieuse. Puis elle fit non de la tête, et sortit de son étui le petit couteau qu'elle portait toujours à la ceinture :

– Si tu vas fouiner là-haut, je viens avec toi. Tu

n'as peut-être pas le droit d'utiliser une arme, mais moi, si.

De la couche où il était allongé, Walter intervint :

– Et moi aussi. Cet endroit est trop calme à mon goût. Cousin, pourrais-tu poser mon épée à côté de ma main gauche ?

Randal doutait que Walter ait la force de soulever son arme, et encore moins celle de se battre. Mais il s'abstint de tout commentaire, et fit ce qu'il lui demandait. Puis il partit explorer la tour avec Lys.

Ils descendirent d'abord dans la pièce qui faisait office de réserve, et barricadèrent la porte de l'intérieur. Puis, sans s'arrêter à la cuisine, ils remontèrent tout en haut de l'escalier central en colimaçon. Il y faisait très sombre, et Randal progressait à tâtons. Ce n'est qu'en se cognant la tête au plafond qu'il sut qu'il était arrivé au sommet de la tour.

Il redescendit quelques marches en effleurant le mur à la recherche d'une porte. Il finit par la trouver, et l'ouvrit. À la faible lumière filtrant par les interstices du volet, Randal distingua une chambre, meublée d'un lit et d'un petit coffre. Le lit n'était pas défait. Le jeune sorcier poussa le volet, et s'aperçut qu'ils se trouvaient très haut au-dessus de la cour.

– Il n'y a rien ici, dit-il à Lys. On continue.

Ils reprirent l'escalier, inspectant au passage toutes les pièces. Dans l'une d'elles, Randal découvrit ce qui semblait être le bureau du sorcier. Une grande bibliothèque tapissait le mur extérieur, entre deux fenêtres. Un cercle magique de petite taille occupait une partie du plancher. Autour du cercle, des bougies consumées marquaient les quatre points cardinaux. Sur la table, une boîte en bois pleine de bougies neuves était posée sur un livre ouvert, noirci d'une mince écriture en pattes de mouche.

– On a de quoi s'éclairer cette nuit, se réjouit Lys.

Elle tendit la main, et suspendit son geste :

– Je peux les toucher sans risque ?

Randal haussa les épaules :

– Je ne peux pas le garantir, à moins de jeter moi-même un sort.

Il plongea les mains dans la boîte et en sortit deux poignées de bougies :

– Elles n'ont pas subi d'enchantement. Je ne perçois rien, en tout cas.

Il s'immobilisa, la main figée au-dessus de la boîte en bois. Les notes qui couvraient la page du livre étaient écrites dans la langue de Carnouguel, et non dans la Vieille Langue, que les sorciers utilisaient normalement pour consigner leurs sorts et rédiger leurs écrits savants. « La situation est plus grave que je ne le craignais, disait la première ligne. Il est urgent d'agir… » La boîte de bougies masquait la suite, à part un bout de phrase au bas de la page de droite.

« … d'un sorcier ! Mais je n'ai plus le temps d'en faire venir… »

– Tu as découvert quelque chose ? demanda Lys en s'approchant.

– Peut-être, répondit-il. Je lirai le reste plus tard. Il faut d'abord visiter les autres pièces.

La nuit était tombée quand Lys et Randal regagnèrent la cuisine. Ils allumèrent l'une des bougies, et préparèrent un dîner simple mais reconstituant, avec des saucisses et du fromage trouvés dans le garde-manger. Randal apporta sa part à Walter, mais le chevalier blessé secoua faiblement la tête :

– Désolé, Randal. Je crois que je ne pourrai rien avaler.

– Ne t'inquiète pas pour ça, le rassura Randal en posant une main sur son front, froid et moite de sueur. Repose-toi. Je dois retourner à l'étage vérifier quelque chose.

Il prit une bougie, l'alluma à la flamme du feu et remonta dans le bureau. Les quelques lignes qu'il avait lues l'avaient convaincu que le livre détenait la clé du mystère de la tour de Balpesh. Une fois dans la pièce, il fixa la bougie sur la table dans une petite flaque de cire fondue, déplaça la boîte en bois, et recommença à lire depuis le début.

Comme il s'en doutait, il s'agissait du journal de Balpesh. La première partie était consacrée à des recherches magiques si complexes que Randal n'y comprit pas grand-chose. Les notes sur la sorcellerie alternaient avec des observations sur la vie quotidienne et autres banalités.

Pendant qu'il lisait, une pluie fine s'était mise à tomber au-dehors. Les nuages, poussés par le vent, masquaient les étoiles. Randal interrompit sa lecture le temps d'aller fermer le volet avant de se replonger dans sa lecture.

Soudain, vers le milieu du livre, une ligne le fit tressaillir. « Un grand poids m'oppresse. Des ennuis s'annoncent à la Schola, je le sens. Mais toutes mes tentatives de voyance restent vaines, et l'avenir est confus. Je vois un arbre pousser dans la bibliothèque de Tarnsberg, mais je ne peux distinguer quels fruits il porte. »

De nouveau, des doigts invisibles hérissèrent les cheveux de Randal dans sa nuque. Le passage était daté du jour même où Laerg, par la sorcellerie, avait aidé Randal à faire pousser un arbre dans la bibliothèque de la Schola et où l'apprenti, pour la première fois, avait pleinement exploité ses pouvoirs magiques.

Randal poursuivit sa lecture. « Je ne m'étais pas trompé, disait un extrait vieux de six mois. L'apprenti peu doué présenté par maître Madoc a agi selon mes prédictions. On lui a dès lors interdit l'usage de la magie, pour le punir d'avoir osé se servir d'une arme. »

Randal se prit la tête entre les mains. « Alors, c'est sans espoir, songea-t-il. Balpesh sait tout, et j'étais condamné avant même de prendre la route. »

La pluie semblait maintenant tomber à seaux. Randal l'entendait battre contre les volets clos de la pièce. Un sentiment de désespoir l'envahit. Accablé, il ne vit pas l'utilité de lire plus avant.

Il se leva et redescendit, muni de sa bougie. Dans la cuisine, Lys chantait, sa claire voix d'alto se mêlant au murmure argentin du luth :

Si tu oublies ton charpentier,
Et que tu viens avec moi,
Je t'emmènerai où l'herbe est verte
Sur les rives de la mer du nord.

Elle s'arrêta en le voyant et se tourna vers lui avec

une expression d'intense curiosité :

– Qu'as-tu découvert ?

Il se laissa tomber sur la chaise devant la table.

– Que nous n'avons aucune chance, dit-il. Et que nous n'en avons jamais eue. Balpesh sait déjà ce qui s'est passé à Tarnsberg. Et il approuve la décision des régents de m'interdire la sorcellerie. Nous avons fait tout ce chemin pour rien.

Un profond silence s'abattit sur la cuisine. Dehors, le vent mugissait autour du bâtiment. Quelque part dans une autre pièce, l'un des volets qu'ils avaient ouverts claquait contre le mur.

– Tu te trompes peut-être, lâcha enfin Lys. Tu ne peux pas abandonner maintenant.

Dans la pénombre, à peine éclairée par la lueur de la bougie, tenant un luth presque aussi grand qu'elle, elle paraissait petite et fragile. Randal avait du mal à croire qu'un jour elle avait défié une meute de démons pour le secourir, sans aucune magie pour l'aider.

– Pas maintenant, répéta-t-elle.

Il ne répondit pas.

Loin au-dessus d'eux, au sommet de la tour, le vent gémit dans la cheminée, et l'écho de sa plainte résonna jusque dans la pièce, produisant un bruit semblable à des mots, ou à la rumeur d'une foule. Dans l'âtre, le feu, rabattu par un courant d'air descendu de la cheminée, n'était plus qu'une flamme bleue.

Soudain, Randal frissonna de froid, et son haleine forma dans l'atmosphère un petit nuage de vapeur.

– De la magie, murmura-t-il.

« De la magie », répéta une voix chuchotant dans l'obscurité.

Randal se tordit le cou dans la direction d'où elle provenait. Il n'y avait personne dans cette partie de la pièce. Du coin de l'œil, il distinguait son cousin Walter couché sur sa paillasse. La longue épée posée près de la main gauche du chevalier luisait d'une pâle lueur bleutée.

« Sûrement des reflets », tenta de se persuader Randal.

Le feu, presque éteint à présent, cracha tout à coup des tourbillons de fumée. Les flammes et les étincelles dessinèrent un visage allongé et mouvant : des yeux, un nez, une bouche ouverte, qui remua et parla : « Trouvez-moi. »

Des éclairs zébraient le ciel autour de la bâtisse, et un coup de tonnerre éclata, si violent que les pierres même parurent trembler. Les oreilles bourdonnantes, Randal crut entendre la porte d'entrée, qu'il avait pris soin de barricader, s'ouvrir et se refermer en claquant.

Puis des pas résonnèrent dans les escaliers, de plus en plus proches.

Randal regarda Lys. La joueuse de luth, les yeux écarquillés par la peur, se tenait debout face à l'escalier en colimaçon qui s'enfonçait dans les ténèbres. Elle leva la main comme pour arrêter l'intrus :

– Si tu ne viens pas au nom des pouvoirs de la lumière, rebrousse ton chemin !

Cette formule n'était qu'un simple charme contre les cauchemars, de ceux qu'on apprend aux enfants ; pourtant, les mots semblèrent rebondir sur les murs de pierre, et le bruit de pas cessa.

Brusquement, Walter s'assit, les yeux grands ouverts. Fixant le vide devant lui, il tendit le bras et désigna Randal :

– Aide-moi.

La voix n'était pas celle de son cousin. Et le bras qu'il avait brandi était son bras droit, celui dont l'omoplate était fracturée. Celui qu'il ne pouvait pas bouger.

– Randal, souffla Lys dans un murmure affolé, tout cela est-il réel ?

Randal, pâle, hocha la tête.

Puis, aussi vite qu'il s'était assis, Walter se rallongea et referma les yeux. Randal avait la gorge sèche. Il remplit un gobelet avec l'eau de la cruche posée sur la table et but. Dès la première gorgée, il jeta le gobelet par terre en recrachant le liquide. Ce n'était pas de l'eau, fraîche et douce, mais une substance visqueuse, chaude et salée, comme du sang.

Le liquide sombre, s'échappant du gobelet, se répandit sur le sol. En s'écoulant, il forma un mot, tracé d'une écriture tremblée : « Lis. »

– Que faut-il que je lise ? s'écria Randal.

Mais il connaissait déjà la réponse. Lentement, à contrecœur, il prit la chandelle et s'engagea dans l'escalier. Tandis qu'il montait, des courants d'air venus de nulle part faisaient vaciller la flamme de sa bougie. Dehors, la tempête se déchaînait.

« Quelque chose s'est réveillé, songea Randal. Quelqu'un sait que je suis ici. »

Dans le bureau, il s'assit à la table du maître sorcier et se replongea dans son journal. Il lut le récit de l'épisode où maître Laerg, son ancien professeur, avait ouvert les portes du monde démoniaque, dans l'intention de s'emparer du pouvoir après avoir tué les sorciers du monde entier… Il y apprit que ce complot n'avait pas été le seul fait de Laerg. C'étaient les démons qui lui en avaient soufflé l'idée, dans le but d'introduire dans le monde des humains un prince démon échappant à tout contrôle.

À plusieurs reprises, Balpesh envisageait cette possibilité. Tantôt, le sorcier la rejetait, l'estimant hautement improbable ; tantôt il la redoutait, ébranlé par de nouvelles preuves. Puis, dans un passage datant de trois jours, il affirmait : « Le démon Éram s'est échappé du monde démoniaque, et il se déplace à présent en toute liberté dans le nôtre. Il est impératif de le trouver et de le renvoyer dans son monde avant qu'il ne provoque des ravages. »

Randal tourna la page. « La situation est plus grave que je ne le craignais. Il est urgent d'agir. J'avais espéré rassembler les maîtres sorciers les plus puissants pour m'aider dans cette tâche, mais la menace est trop proche. Éram a l'intention de faire entrer d'autres démons par la brèche ouverte par maître Laerg, et il sera alors trop tard pour intervenir. Je dois trouver le moyen d'attirer le démon, et le combattre moi-même. Mon seul avantage sera l'effet de surprise. Si je n'obtiens pas une victoire rapide, c'est la défaite assurée. Si au moins j'avais le soutien ne serait-ce que d'un sorcier ! Mais je n'ai plus le temps d'en faire venir un jusqu'ici. Je bâtirai seul un piège dans mon bureau secret, où j'attendrai Éram. Je suis convaincu que le démon viendra après-demain, mais je dois entamer mes préparations dès cette nuit. »

Les notes s'arrêtaient là.

Randal referma le journal et se leva. Sur la table, la bougie achevait de fondre dans une mare de cire. Dehors, la tempête s'était un peu apaisée. Une aube grise et humide soulignait les contours des volets du bureau. À pas lents, le jeune sorcier redescendit l'escalier et regagna la cuisine. Lys, qui somnolait sur le banc au coin du feu, se redressa vivement à son arrivée.

– Balpesh est quelque part dans la tour, l'informa Randal sans lui laisser le temps de parler. Et un démon est avec lui.

Chapitre 8 : Les recherches

– Je dois trouver Balpesh, dit Randal en s'asseyant sur un tabouret près de la cheminée. Il est dans son bureau, mais ce n'est pas la pièce du haut où nous avons trouvé les bougies. Celle-là n'est qu'une sorte de bibliothèque. Il s'en sert pour ranger ses livres et ses papiers et pour lire, mais je ne crois pas qu'il y ait jamais fait autre chose, à part un peu de magie élémentaire.

Lys le regarda d'un air découragé. Remarquant sous ses yeux les cernes couleur d'encre tranchant sur sa peau pâle, Randal prit conscience de son propre épuisement. « Ça fait deux nuits que nous n'avons dormi ni l'un ni l'autre », se rappela-t-il.

– On a fouillé partout, dit Lys, sans découvrir de bureau.

Au même instant, une rafale de vent plus violente que les autres secoua les volets.

– Pourtant, il y en a un, dissimulé quelque part

dans la tour, insista Randal. Forcément. Et Balpesh doit être piégé à l'intérieur.

Il vint s'affaler sur le banc à côté de Lys, la tête dans ses mains :

– Je ne sais pas quoi faire !

– Randal, dit doucement Lys, cette interdiction de pratiquer la magie, ce n'est qu'une règle, non ? La dernière fois que tu as violé les règles, c'était pour le bien de tous. Ne pourrais-tu pas les violer une seconde fois pour la bonne cause ?

Randal redressa la tête :

– Pour retrouver le bureau caché ?

Elle hocha la tête.

– J'ai donné ma parole, dit Randal en soupirant. Si je ne la respecte pas, alors je ne suis pas un sorcier, et j'en fais l'aveu de ma propre bouche. En sorcellerie, si l'on s'écarte du chemin ne serait-ce que de quelques pas, on le paie très cher. Je l'ai appris à mes dépens, et je m'en souviens à chaque fois que je serre le poing.

Lys posa les yeux sur la main droite de Randal. Il l'ouvrit lentement et tourna la paume vers le haut, lui montrant la cicatrice rouge qui stigmatisait l'endroit où il s'était coupé jusqu'à l'os pour se délivrer des sortilèges de Laerg.

– Qu'allons-nous faire, alors ? demanda-t-elle au bout d'un moment.

Randal se leva :

– Nous allons chercher la pièce secrète. Commençons par sonder les murs.

Ils passèrent la matinée à arpenter la tour en tapant sur les murs : sans résultat. À l'extérieur, la tempête faisait rage. À midi, Randal et Lys étaient tous deux harassés, et le bureau secret, si toutefois il existait, restait introuvable.

Sur sa paillasse, Walter dormait. Mais son sommeil n'avait rien d'un sommeil paisible et réparateur. Tantôt, il grelottait de froid, saisi de frissons incontrôlables ; tantôt, il brûlait de fièvre et repoussait ses couvertures. Il avait les yeux profondément enfoncés dans leurs orbites, le teint pâle et cireux. Randal et Lys lui donnaient à boire à chaque fois qu'il se réveillait en se plaignant d'avoir soif, mais ils voyaient bien que le jeune chevalier s'affaiblissait peu à peu malgré leurs attentions.

Vers la fin de la matinée, Lys reposa le gobelet sur la table en disant :

– Son état s'aggrave. Il faut lui faire prendre autre chose que de l'eau.

Randal appuya son front douloureux contre le mur de pierre.

– C'est tout ce qu'on a, lui rappela-t-il. À part du pain rassis, du fromage sec, et de la saucisse dure comme du bois. Je crois que, même moi, je ne pourrais plus en avaler.

– Il y a du lait et des œufs frais dehors, fit observer Lys. Je peux sortir…

Randal l'arrêta :

– Pas toute seule, dans une tempête pareille. Je viens avec toi.

– Tu dois continuer à chercher cette pièce secrète.

– Ça ne nous prendra pas longtemps, objecta Randal. Avec un peu de chance, le vent et la pluie m'éclairciront l'esprit. Et puis, c'est pour Walter.

Ils mirent leurs capes et se préparèrent à sortir. Randal s'approcha de son cousin et s'agenouilla près de la paillasse. Le jeune chevalier souleva lentement les paupières et fixa sur lui son regard noisette :

– Randal ?

– C'est moi.

– Bien, murmura Walter. J'ai fait des rêves bizarres… As-tu retrouvé ton sorcier ?

– Pas encore. Je continue à le chercher. Pour l'instant, Lys et moi allons sortir pour te rapporter à manger. Reste tranquille, nous ne serons pas longs.

Randal et Lys descendirent au rez-de-chaussée, et Randal déverrouilla la lourde porte en chêne bardée de fer. Le vent mugissait autour de la bâtisse. Le jeune sorcier ouvrit la porte d'un coup d'épaule et ils franchirent le seuil, avançant dans un jardin inondé de soleil, sous un ciel bleu parsemé de petits nuages hauts et cotonneux.

Lys eut un cri de surprise.

– C'est une illusion, lui expliqua calmement Randal. Quelque chose joue avec notre esprit.

– Oui, fit Lys sur le même ton. Mais lequel des deux est l'illusion : le soleil ou la tempête ?

Randal haussa les épaules :

– Pas moyen de le savoir sans l'aide de la magie. Mais nous sommes ici dans un but précis. Faisons ce que nous avons à faire.

Ils se dépêchèrent de ramasser les œufs et de traire les chèvres. Entre-temps, l'environnement s'était figé dans une immobilité cassante comme du verre. Le silence qui régnait alentour amplifiait le chant des oiseaux et le bourdonnement des insectes. Quand ils eurent terminé, Randal se sentit soulagé de regagner la tour.

À peine furent-ils à l'intérieur que la tempête reprit,

avec autant de violence qu'auparavant. Randal referma la porte sur les rafales du vent, la bloquant avec la lourde barre de fer. De retour dans la cuisine, il posa le seau de lait sur la table.

– Nous sommes revenus, Walter, annonça-t-il en remplissant le gobelet. Je vais te donner quelque chose de bien meilleur que du fromage desséché.

Il y eut un silence, que Lys brisa d'une voix étranglée :

– Randal, Walter n'est pas là.

Lentement, Randal reposa le gobelet de lait et se retourna vers la cheminée. Lys avait dit vrai ; la paillasse de Walter était vide, et la longue épée avait disparu.

– Il avait de la fièvre, dit Lys. Il s'est peut-être levé sans s'en rendre compte !

– Peut-être, admit Randal, mal à l'aise.

Comment avait-il pu abandonner son cousin ? Il préférait ne pas imaginer tout ce qui risquait d'arriver à un blessé, livré à lui-même dans le bastion d'un maître sorcier. Surtout après la vision qui leur était apparue dans la cheminée la veille au soir.

– Partons à sa recherche !

Ils le trouvèrent à l'étage, dans la bibliothèque de Balpesh. Le jeune chevalier s'était effondré devant la haute étagère qui se dressait entre les deux fenêtres aux volets fermés. Il était étendu par terre, grelottant, les lèvres violettes, la main gauche serrée sur la poignée de son épée.

Randal se précipita vers lui et s'agenouilla.

– Qu'est-ce que tu fais ici ? lui demanda-t-il d'un ton sévère. Tu aurais pu te tuer en montant ces escaliers.

– J'ai entendu quelqu'un m'appeler, articula péniblement Walter, d'une voix faible mais assurée. J'ai cru que c'était toi. Et il y avait une lumière qui flottait dans l'air… Je l'ai suivie jusqu'ici, mais la pièce était vide.

Tout en réfléchissant, Randal scruta le visage de son cousin.

« Hier soir, quelqu'un ou quelque chose a parlé par la bouche de Walter. S'il a suivi ce je ne sais quoi jusqu'ici, peut-être a-t-il agi sous la même influence. »

– Non, dit-il lentement. Je ne crois pas que la pièce soit vide.

– Qu'est-ce que tu veux dire ? s'alarma Lys.

– J'aurais dû comprendre que le bureau ne pouvait pas être éloigné de la bibliothèque, répondit Randal en montrant l'étagère. Regarde. Qu'est-ce que tu vois ?

Elle suivit son doigt du regard :

– Une étagère.

Randal acquiesça d'un signe de tête :

– C'est la seule étagère de toute la tour qui aille du sol au plafond.

– Mais elle est placée contre un mur extérieur ! Et il n'est pas assez épais pour contenir une pièce secrète !

– Ce n'est pas ce genre de petit détail qui gênerait un maître sorcier, objecta Randal. Il a pu jeter sur la bibliothèque un sortilège d'illusion permanente, pour faire croire à un mur extérieur. Ou aménager un passage menant à une pièce enfouie à quinze mètres sous les fondations de la tour. Il existe des centaines de moyens de cacher une pièce ! Je ne sais pas lequel Balpesh a utilisé. Mais je suis sûr que le bureau se trouve ici. Il ne me reste plus qu'à le dénicher.

Randal se releva et entreprit de retirer les livres de l'étagère, les faisant tomber par terre un par un, sans considération pour les délicates enluminures et les riches reliures de cuir. Bientôt, il se tint devant des rayonnages vides, les pieds et les chevilles enfouis sous un monceau de livres épars.

À un endroit, le panneau paraissait plus sombre, recouvert d'une patine grasse, comme s'il avait été poli par des frottements répétés.

– Ça doit s'ouvrir ici, annonça Randal.

Il tendit la main vers le point marqué par l'usure, et suspendit son geste.

– Lys, dit-il en pivotant pour faire face à la jeune fille. Redescends à la cuisine avec Walter et attendez-moi en bas.

– Quelle sorte d'amie crois-tu que je sois ? s'enflamma-t-elle. Je vais t'aider. Tu n'as aucune idée de ce qu'il y a derrière cette porte.

« Je ne le sais pas, songea-t-il, mais je peux le deviner. Et je préférerais que ce soit n'importe quoi plutôt que ce que j'imagine. »

– Je sais, en tout cas, déclara-t-il, que ce n'est rien contre quoi tu puisses lutter avec moi. S'il te plaît, Lys. Je veux que Walter et toi, vous soyez à l'abri quand j'ouvrirai cette porte.

Walter, s'appuyant sur son bras valide, se redressa à demi. Il était pâle et hagard, les pommettes empourprées par la fièvre, mais son expression était résolue :

– Je ne peux pas te laisser affronter seul le danger, Randal. Que dirais-je ensuite à mon père ? Ou au tien ?

Randal se mordit la lèvre.

« Tu n'as pas à t'en soucier, répondit-il intérieurement. Si Balpesh ne te soigne pas, tu ne vivras pas assez longtemps pour en parler à quiconque. »

– Tu leur diras que c'est moi qui vous ai renvoyés, dit-il à son cousin. Vous ne pouvez m'aider ni l'un ni l'autre. Et, si mes soupçons se confirment, quelqu'un devra aller alerter maître Madoc et les régents de la Schola.

– Qu'est-ce que tu veux dire ? demanda Lys.

– Il y a un démon en liberté dans notre monde, et Balpesh est piégé quelque part où il ne peut pas le combattre.

Il regarda ses amis :

– Lys, je dois délivrer Balpesh. Si je n'y parviens pas, si les choses tournent mal, il vous faudra aller avertir un sorcier, qui soit en mesure de lutter contre ce démon et de le vaincre.

– J'irai prévenir maître Madoc, dit-elle. Si je le peux.

– Jure-le, Lys, exigea Randal. Jure-moi que, si tu as un mauvais pressentiment, si tu te sens nerveuse ou que tu prennes peur, tu ne te préoccuperas pas de moi. Tu feras sortir Walter d'ici, et vous vous sauverez.

Walter eut un rire silencieux :

– Si ça tourne aussi mal que ça, Randal, je devrai rester ici. Je ne serais pas capable de courir jusqu'à la porte d'entrée.

Lys regarda tour à tour ses deux compagnons :

– Il a raison. Si je pars, je serai obligée de le laisser.

– Je sais, dit Randal d'une voix lasse, qui parut lointaine à ses propres oreilles. Jure quand même.

– Je jure que je porterai la nouvelle à Madoc.

« Elle me cache quelque chose », soupçonna Randal. Mais il se sentait trop fatigué, trop accablé par sa peur pour insister davantage.

– Alors, va, dit-il. Emmène Walter, et attendez-moi en bas.

Lys aida Walter à se relever. À contrecœur, ils traversèrent la pièce jonchée de livres et franchirent le seuil. Randal, planté devant l'étagère, eut l'impression qu'avec leur départ toute la chaleur de son corps s'était enfuie. Il frissonna. Il posa le front contre le rayonnage vide, puis il se redressa et appuya la main sur le bois usé, au fond de l'étagère. Il poussa, et le panneau s'ébranla. Il entendit un petit clic, faible mais perceptible. Il appuya plus fort, et la porte secrète pivota.

Et, en pivotant, elle s'ouvrit non sur le mur extérieur, mais sur une pièce bien plus grande que toutes celles que Randal avait vues jusque-là dans la tour. De toute évidence, il s'agissait du bureau secret qu'il avait cherché en vain si longtemps.

Randal y pénétra. L'antre du sorcier était illuminé d'une lueur bleutée, irréelle. L'éclairage provenait non pas d'un, mais de deux cercles magiques tracés sur le plancher du bureau, qui se chevauchaient tels deux anneaux attachés entre eux, entourés de grandes bougies placées à intervalles réguliers, brûlant d'une petite flamme orangée. De l'encens, dégageant une odeur âcre, se consumait dans de petites coupelles de cuivre, d'où une fumée gris bleu s'élevait dans l'air immobile en lentes volutes paresseuses.

Au centre de chaque cercle se tenait un sorcier.

– Aide-moi ! supplia le sorcier du cercle de gauche, un homme de grande taille, à la barbe grise, vêtu d'une robe de cérémonie en velours noir brodé de symboles magiques au fil d'or et d'argent. Brise le cercle afin que je puisse détruire le démon !

– Non ! s'écria l'autre sorcier, lui aussi grand, barbu, et vêtu de la même robe de velours noir brodé. Non ! Aide-moi ! Je suis maître Balpesh ! Lui, c'est le démon Éram !

Le regard de Randal alla de l'un à l'autre. Tous deux étaient emprisonnés à l'intérieur d'un cercle magique, et chacun retenait l'autre captif. Comme les cercles qui se chevauchaient, sorcier et démon étaient enchaînés l'un à l'autre par un duel duquel seul l'un des deux réchapperait.

– Vite ! commanda le sorcier de droite. Brise le cercle pour me délivrer !

– Non, non ! protesta le sorcier de gauche. Libère-moi de ce cercle, et nous combattrons le démon ensemble !

– Ne l'écoute pas ! s'exclama l'autre sorcier. Il te détruira !

À chacune de leurs interventions, les deux cercles irradiaient en palpitant, tandis que les sorciers tentaient de briser les limites qui les maintenaient prisonniers. De nouveau, Randal examina les deux sorciers, et constata qu'ils étaient parfaitement identiques. Chaque ride du visage de l'un se retrouvait sur le visage de l'autre. Il ne voyait pas la moindre différence.

« Pourquoi faut-il que ça tombe sur moi ? gémit Randal intérieurement. La dernière fois que je suis entré dans le bureau d'un sorcier, j'ai failli ne jamais en ressortir. Cette fois-ci… si je me trompe, je libérerai un pouvoir infiniment plus malfaisant que celui de maître Laerg. »

Avec un rire proche du sanglot, le compagnon sorcier redressa la tête et les épaules. « Pourquoi m'inquiéter ? Si je me trompe, je mourrai. Et, même si je ne me trompe pas, Balpesh et moi risquons d'être tués tous les deux par le démon. Et je n'ai pas d'autre moyen de retrouver ma magie… aucun autre moyen. »

Il s'avança vers le milieu de la pièce en prenant soin de ne pas effleurer les cercles. Qu'il choisisse l'un ou l'autre, le briser ne serait pas difficile : un simple geste suffisait. N'importe qui pouvait le faire en franchissant le cercle de l'extérieur.

De toute évidence, le démon et le sorcier étaient d'égale puissance. Que l'un des deux obtienne le plus petit avantage, et il remporterait la victoire. « Il faut que je choisisse, s'exhorta-t-il. Mais j'ai trop peur de me tromper. »

Au-dehors, la tempête grondait toujours. Par la porte ouverte de la bibliothèque, Randal entendait mugir le vent et battre la pluie. Il fit le tour des deux cercles, toujours à la recherche d'une différence entre les deux sorciers, mais n'en trouva pas.

« Ainsi, voilà comment se déroule un duel magique », songea-t-il. La fausse tempête reflétait à l'extérieur ce qui se produisait dans les cercles magiques, tout comme les événements des derniers jours – les brigands à l'auberge, le coup en traître reçu par Walter lors du tournoi, jusqu'aux obstacles auxquels ils s'étaient heurtés sur le chemin de la tour de Balpesh – avaient été provoqués par la venue du démon.

« Le démon infléchit tout vers le mal par le seul fait de sa présence, comprit Randal. S'il sort du cercle magique… »

Il fallait agir. Le sorcier finirait par avoir besoin de manger et de dormir, tandis que le démon, en dépit de son apparence humaine, n'était pas soumis à ces contraintes. Si le duel se prolongeait, au bout du compte, c'était le démon qui gagnerait.

« Et je ne peux pas permettre cela, se dit Randal. Mais suis-je capable de le combattre seul ? Si j'ai survécu une fois à une horde de démons, c'était grâce à la chance, pas à mon talent. À la chance, et à l'aide de trois des plus grands sorciers du royaume. »

La tempête empira, signe que la lutte avait repris entre les deux personnages emprisonnés dans leurs cercles.

« Je pourrais en libérer un, raisonnait Randal. Mais avec une chance sur deux de me tromper, le pari est trop risqué. Une magie puissante est à l'œuvre ici. On ne peut pas s'en remettre au hasard dans le domaine de la magie. »

Il savait que sa vie n'était pas seule en cause. De fait, s'il faisait le mauvais choix, son erreur lui vaudrait à coup sûr une mort pénible. Mais le démon ne s'en tiendrait pas là. Il tuerait ensuite Balpesh, et Lys, et Walter. Et d'autres encore, toujours plus nombreux, dans tout le royaume. Randal ne pouvait mesurer l'ampleur d'un tel massacre.

« Peut-être Lys est-elle déjà partie, se dit-il. Peut-être quelqu'un me viendra-t-il en aide. »

Il secoua la tête. « Tu t'égares, se réprimanda-t-il. Ne pas choisir revient au même que choisir. »

« Très bien. Je libère celui de droite. »

Il alla jusqu'à la limite du cercle de droite.

– Oui, oui ! s'écria le sorcier qui se trouvait à l'intérieur. Délivre-moi, et ensemble nous combattrons ce démon !

« Et si je devais libérer celui de gauche ? »

Randal s'approcha du point d'intersection des deux bordures lumineuses. Il lui suffisait de passer la main à travers l'un des deux cercles, et celui-ci se briserait.

Il hésita, se tourna vers la droite, et avança la main.

Chapitre 9 : Sorcier et Démon

– Non !

Randal se figea, immobilisant son doigt à un cheveu de la limite scintillante du cercle magique.

Le cri provenait de l'entrée de la pièce secrète. Tournant la tête, Randal vit deux silhouettes s'approcher dans la lueur bleue qui baignait le bureau. L'une d'elles était Lys, et l'autre, son cousin Walter. Le chevalier brandissait son épée, dont les arêtes luisaient dans la lumière magique. Les yeux brillants de fièvre, Walter marchait avec raideur ; pas à pas, il s'avança jusqu'au sorcier du cercle de droite.

– Démon, dit-il d'un voix rauque, si le fer peut t'atteindre, ma lame t'atteindra !

Randal retint sa respiration. « Si Walter a raison, j'ai failli délivrer Éram au lieu de Balpesh ! »

– Ne touche pas au cercle ! hurla-t-il à son cousin.

Dans la foulée, il pivota et projeta la main à travers la lisière dansante du cercle de gauche. Le sortilège se rompit, et le sorcier, libre, franchit la ligne lumineuse.

« J'espère ne pas m'être trompé, cette fois », pria Randal.

– Aide-moi, maintenant, lui dit le sorcier. En joignant nos forces, nous pourrons peut-être…

À l'autre bout de la pièce, Lys émit un cri d'horreur. Randal regarda le second sorcier : son corps se tordit, s'étira, atteignant bientôt deux mètres de haut. Sa peau, au teint cadavérique, était constellée de croûtes et de cicatrices. De courts cheveux blancs recouvraient son crâne et sa colonne vertébrale, telle une crinière. Des crocs baveux dépassaient de sa bouche, et des griffes luisantes jaillissaient de ses doigts et de ses orteils. Le démon Éram poussa sur les bordures de son cercle magique.

Or, Balpesh était à bout de forces, et les nouveaux venus l'avaient distrait de sa tâche : le cercle dans lequel il retenait son ennemi vacilla. Sous les yeux de Randal, le démon leva ses longs bras et brisa les limites qui l'enfermaient.

Balpesh lui lança aussitôt une boule de feu, qui embrasa ses cheveux. Des volutes de fumée s'élevèrent jusqu'au plafond.

Le démon rugit et, de sa patte griffue, jeta un sort

sur le sorcier. Celui-ci le para par une formule magique, mais l'impact du sortilège d'Éram le fit tituber, et il recula d'un pas. Le démon s'avança en grondant vers Randal et le maître sorcier.

Derrière l'être surnaturel, Walter, de la main gauche, brandit son épée.

– Créature du mal ! l'interpella-t-il. Tu oses tourner le dos à un chevalier ?

Son arme s'abattit lourdement sur le crâne d'Éram, et tailla jusqu'aux reins son échine écailleuse. Dans un éclat de rire, le démon fit volte-face, la lame toujours plantée dans sa chair, et bondit sur le chevalier désarmé, griffes en avant, prêt à lui arracher le cœur.

Un chandelier vola dans les airs et vint frapper la nuque du monstre. Éram se retourna vers Lys, la main encore levée, à l'autre bout du bureau. Il grogna, montra les dents, et reporta son attention sur Walter.

– Tu es un sorcier ! cria Balpesh à Randal. Si tu joins ta force à la mienne, nous pouvons vaincre le démon !

– Je n'ai pas le droit de pratiquer la magie ! lui cria Randal en retour. Pas sans…

Il n'eut pas le temps de finir sa phrase. Balpesh l'interrompit en vociférant :

– Jeune idiot… tu as plutôt intérêt à utiliser ta

magie ! Allez… jetons un éclair, toi et moi ensemble : un, deux, trois… Maintenant !

Randal lança un éclair, le plus puissant qu'il eût jamais fait apparaître, chargé de toute la frustration et de toute la colère accumulées au cours de ces derniers mois sans magie. Balpesh fit de même ; le feu jaillit, aveuglant, et dessina un triangle éblouissant de lumière blanche, dont le maître et le compagnon étaient la base, et le démon, le sommet. L'éclair cerna Éram, mais ne le toucha pas. La créature éclata d'un rire sonore et fit un pas de plus en avant vers les deux sorciers.

– Le démon s'est protégé par un bouclier magique ! s'écria Balpesh. Dirige ton sort sur l'épée !

Ensemble, Balpesh et Randal répétèrent la formule. Un éclair fit étinceler la lame qui dépassait des entrailles du monstre. Le feu magique parcourut l'acier, l'auréolant d'une lueur violette de la pointe jusqu'à la garde, traversa le bouclier invisible du démon et pénétra dans son corps.

La monstrueuse silhouette, qui avançait toujours sur Balpesh et Randal, se tordit, nimbée d'un feu crépitant d'un blanc bleuté. Un grondement de tonnerre fit trembler les pierres. Une odeur de roussi envahit la pièce, et la créature commença à rougeoyer et à se racornir. Balpesh récita les mots destinés à ouvrir une brèche dans l'autre monde pour y rejeter le démon.

Mais le long combat qu'il avait livré l'avait rudement éprouvé ; la porte qu'il venait d'ouvrir vacilla, menaçant de disparaître. Randal prononça précipitamment un sort de stabilisation, puis transmit sa force au vieil homme épuisé.

Le démon s'éloigna d'eux, glissant dans l'entre-deux-mondes, pour rejoindre son univers. La fissure créée par Balpesh resta un moment suspendue dans l'air imprégné de l'odeur de brûlé, puis elle se résorba et s'évanouit.

Balpesh se dirigea en titubant vers une chaise et s'y laissa choir lourdement.

– On a eu chaud ! dit-il. Je n'avais rien vécu d'aussi catastrophique depuis longtemps. Sans vous, les choses auraient pu très mal tourner.

Il regarda Randal :

– Et toi, tu dis que tu n'as pas le droit de faire de magie ? raconte-moi cette histoire.

Avant que Randal ait pu ouvrir la bouche, Lys jeta un cri perçant qui résonna dans la pièce :

– Walter !

Randal pivota sur ses talons et resta pétrifié. Son cousin gisait sur le plancher, inanimé. Du sang bouillonnant s'écoulait de sa bouche, et sa tête reposait dans une flaque d'écume écarlate.

Toute la fatigue de Balpesh sembla subitement envolée. Il se leva et, en quelques enjambées, rejoignit le chevalier évanoui.

– Faites quelque chose pour lui, dit doucement Randal tandis que le maître sorcier s'agenouillait et palpait le cou de Walter. S'il vous plaît !

– Il est peut-être déjà trop tard, répondit Balpesh.

Il se redressa, et sa robe de sorcier tournoya autour de lui.

– Mais si ce n'est pas le cas… Toi, jeune fille, va me chercher de l'eau. Et toi… Randal, prends ce coffre là-bas, dans le coin, et suis-moi.

Le sorcier se pencha de nouveau sur la forme inerte de Walter. Hormis les bulles qui se formaient à la commissure de ses lèvres, il ne manifestait plus aucun signe de vie. Balpesh tendit la main, paume vers le haut, et lança d'une voix impérieuse :

– *Veni !*

Déjà, Lys était partie en direction du puits. Tandis qu'il s'emparait du coffre, Randal vit le corps de son cousin s'élever à l'horizontale et flotter vers la porte. Balpesh le suivait, une main posée sur le front du jeune homme, en psalmodiant une incantation d'une voix trop basse pour que Randal le comprenne.

En procession, ils quittèrent le bureau, traversèrent la bibliothèque et montèrent les escaliers. La lueur dorée qui nimbait le maître sorcier rendait superflu l'usage d'une chandelle. Lys les rattrapa, chargée d'un lourd seau d'eau. Le petit groupe gagna la chambre située à l'étage supérieur, là où, la veille, Randal et Lys avaient entamé leurs recherches.

Sans cesser son incantation, Balpesh fit planer le chevalier blessé au-dessus du grand lit, puis le fit reposer sur la couverture matelassée. Walter était d'une pâleur et d'une immobilité cadavériques.

– Il est très mal en point, déclara le maître sorcier. Il faudrait que l'un de vous deux lui transmette un peu de sa force de vie. C'est sa dernière chance. Mais c'est dangereux car, s'il meurt, celui qui sera lié à lui mourra lui aussi.

Randal inspira profondément. Il savait pertinemment comment son cousin aurait réagi dans les mêmes circonstances.

– Je vais le faire, déclara-t-il.

– Prenez-moi, proposa Lys en même temps.

– Eh bien, eh bien, quelle loyauté ! s'exclama Balpesh d'un ton las où perçait l'amusement.

Il dévisagea d'abord Lys, puis Randal.

– Ce sera toi, dit-il enfin au compagnon sorcier. Vous êtes du même sang, me semble-t-il. Cela devrait faciliter les choses. Installe-toi sur le lit à côté de lui.

Randal s'étendit près de Walter sur la couverture. Une fois allongé, il ressentit à la fois un grand calme et une grande fatigue. Il regarda Walter. Son cousin, bien que blême et taché de sang, avait lui aussi un air paisible ; toute trace de souffrance s'était envolée de son visage.

Randal entendit s'ouvrir le couvercle du coffre. D'une voix basse et monocorde, Balpesh entonna une nouvelle incantation. Randal tendit l'oreille.

Il reconnut les mots de la Vieille Langue, celle de la magie. Randal l'avait apprise à la Schola, et il écoutait chaque parole du sorcier avec une angoisse croissante. Le sortilège était destiné à faire passer son sang dans le corps de Walter.

« Il va voler mon sang ! » s'affola Randal. Même si le sort était pratiqué par Balpesh, le principe était le même que celui mis en œuvre par Laerg quelques mois plus tôt. Il essaya de s'asseoir, mais ses membres étaient trop lourds. Il ne pouvait plus bouger. Ses yeux refusaient de s'ouvrir.

« Non ! s'insurgea-t-il. Je ne veux pas m'endormir. Je dois voir ce qui se passe ! »

Il lutta pour rester éveillé, mais les ténèbres du sommeil l'engloutirent.

Quelque chose bourdonna à son oreille ; une grosse mouche, supposa Randal, comme celles qui pullulaient dans l'écurie du Basilic. La mouche frôla son nez et il l'écrasa sans ouvrir les yeux. Puis il perçut la luminosité du soleil à travers ses paupières closes, et la chaleur de l'air. « Autant que je me lève, songea-t-il, et que je jette un coup d'œil alentour. »

Il constata qu'il était couché sous une haie, enveloppé dans sa cape. Il se leva, s'étira et fit quelques pas sur la route. Deux hommes à cheval venaient vers lui, conduisant par les rênes une troisième monture. L'un des deux cavaliers, petit et gros, était vêtu comme un homme d'armes. L'autre, à la forte carrure, portait armes et armure.

Les deux cavaliers progressaient en regardant droit devant eux. Quand ils se furent rapprochés, Randal reconnut leurs visages. L'un était l'homme d'armes des marchands, pendu par les brigands, dont Randal ignorait le nom. Le second était messire Louis, le chevalier mort au cours de l'attaque de l'auberge. Du sang coagulé maculait son front, et le pendu avait encore autour de son cou grassouillet la corde qui l'avait étranglé.

« Je rêve, pensa Randal. C'est forcément un rêve. »

Les chevaux arrivèrent à son niveau et continuèrent leur chemin. Les deux morts se tenaient assis sans bouger, comme s'ils avaient été sculptés dans le bois. Le cheval sans cavalier avançait entre les deux autres.

« La selle vide est pour moi, comprit Randal. Il me suffit de m'y asseoir, et de chevaucher. »

Il résista à l'envie impérieuse d'enfourcher le cheval et regarda les cavaliers s'éloigner. Un peu au-delà, la route s'enfonçait dans les bois, et il les perdit de vue. Le jeune sorcier se remit en marche, dans la même direction.

Brusquement, il vit que la route s'arrêtait net à dix mètres de là, à la lisière de la forêt sauvage. Il se retourna. Derrière, la route s'interrompait aussi au bout d'une dizaine de mètres, à l'orée d'un bois. Lorsqu'il fit de nouveau volte-face, il lui sembla que la distance jusqu'à la forêt avait diminué d'un tiers.

Un frisson glacé lui parcourut le dos. D'un coup d'œil, il constata que la chaussée derrière lui, là aussi, avait raccourci de plusieurs mètres. Il compta jusqu'à cinq, les yeux fermés. Lorsqu'il les rouvrit, la route avait disparu, et il se trouvait au milieu d'une forêt dépourvue de sentiers.

Une rafale de vent secoua le faîte des grands arbres, sans qu'aucun courant d'air ne pénètre dans la pénombre tachetée de lumière où se tenait Randal. Il vit alors un drôle d'arbre noueux, qui se dressait un peu à l'écart des autres.

Un désir violent s'empara de lui. L'arbre l'appelait, l'attirant presque contre sa volonté. Il s'en approcha. Cet arbre était tout à fait étrange ; ses branches tordues portaient trois espèces de feuilles différentes. Puis Randal s'aperçut que trois arbres avaient poussé au même endroit, s'entrelaçant en un seul tronc : un chêne, un sorbier et un frêne.

Randal en fit le tour. De l'autre côté, il se rendit compte qu'il n'était pas le premier à passer par là ; le sorbier portait des traces de coups de hache. Le métal avait profondément entamé le tronc, en arrachant de gros éclats de bois. La blessure était ancienne : l'écorce avait commencé à repousser par-dessus.

De nouveau, le vent fit bruire le feuillage, et une voix mélodieuse s'éleva derrière Randal :

– Tu m'as combattu dans ton monde ; maintenant, bats-toi dans le mien.

Randal pivota sur ses talons : le démon Éram se dressait devant lui, haute silhouette d'un blanc étincelant à la lumière du soleil qui perçait à travers les branches.

Le temps sembla suspendu. « Magnifique, se répétait Randal, avec un sentiment proche du désespoir. Dans son propre monde, un prince démon est d'une beauté qui dépasse l'imagination. » Puis la créature bondit sur Randal, l'agrippa, et tous deux roulèrent au sol.

Randal tomba brutalement sur le dos, et continua de tomber ; son corps s'enfonça dans le sol, glissant dans les ténèbres, la main du démon crispée sur sa gorge.

« Un rêve ! se répétait-il. Ce n'est qu'un rêve ! »

« Mais on ne sent pas la douleur dans les rêves, objecta une voix intérieure. Et tu as mal. Vraiment mal. »

Randal invoqua la lumière, recourant à une formule qu'il n'avait pas utilisée depuis six mois. La lumière apparut, une simple lueur intermittente, et ce qu'il vit alors lui fit presque regretter de ne plus être dans le noir. Le démon s'acharnait sur lui, lui lacérant la poitrine de ses griffes, et ses crocs luisaient, telles des aiguilles d'ivoire, à quelques centimètres de son visage.

Seuls les réflexes qu'il avait conservés de son entraînement au château de Doun le sauvèrent des crocs prêts à s'enfoncer dans son crâne. Randal avait paré l'assaut du démon de son bras gauche, et il n'avait que la pression de son bras sous la mâchoire du monstre pour empêcher ce cauchemar vivant de mettre un terme à sa vie.

« Je ne peux pas affronter un démon à mains nues, pensa-t-il. Si je n'agis pas, je vais mourir. »

Il projeta un éclair, qui crépita et grésilla en touchant le corps d'Éram. La hideuse créature rit, d'un rire musical, léger comme des clochettes, et planta dans le dos et le ventre du jeune sorcier des griffes aussi tranchantes que des lames de rasoir.

« Meurt-on pour de vrai si l'on meurt en rêve ? Y a-t-il une différence entre rêve et réalité dans le monde des démons ? »

Randal tombait toujours, son corps emmêlé à celui du démon, qui faisait claquer ses crocs. Éram ouvrit une bouche démesurément grande, d'où sortit une longue langue écarlate.

« Je ne peux pas le laisser me vaincre, se révolta Randal. Un prince démon nourri du sang d'un sorcier… Son pouvoir n'aurait pas de limites. »

Il ne lui restait qu'une solution. Rassemblant toute son énergie, il lança une boule de feu, destinée non pas au démon invulnérable, mais à lui-même.

Les flammes le touchèrent ; la douleur fut pire que

tout ce qu'il avait connu, pire que les griffes aiguisées lui lacérant le dos, pire que la lame de l'épée qui lui avait tailladé la main, pire que n'importe quoi d'autre. Puis le rouge de la flamme vira au noir, et il se réveilla.

Randal était étendu sur le lit, dans la chambre tout en haut de la tour. Lys, assise en tailleur sur la courtepointe au bout du lit, son luth sur les genoux, jouait en chantant un air doux et triste :

Son chien est parti chasser,
Son faucon déniche le gibier,
Sa dame a pris un autre ami,
Ainsi nous pouvons déjeuner en paix.

Dehors, l'aube se levait, et les premiers rayons du soleil caressaient les cordes du luth, les teintant d'un rose doré. Lys releva la tête.

– Tu es réveillé, dit-elle.

– Oui. Et j'ai faim. Où sont les autres ?

– Pas étonnant que tu aies faim. Tu dors depuis vingt-quatre heures. Walter et Balpesh préparent le petit déjeuner à la cuisine.

Randal roula sur le côté, et tout son corps lui fit mal :

– Peux-tu me raconter ce qui s'est passé ?

– À part ce que tu sais déjà ? fit Lys. Je n'ai pas compris grand-chose.

– Dis-moi ce que tu as vu.

Lys posa son luth :

– Eh bien, Balpesh vous a fait allonger ici, Walter et toi, et il a récité des incantations jusque tard dans la nuit. J'avais allumé des bougies. Au fur et à mesure, Walter semblait aller de mieux en mieux, et toi, de plus en plus mal. Ensuite, toute l'eau du seau que j'avais apporté s'est évaporée, et Walter s'est réveillé. Je suis descendue avec lui pour l'aider à s'habiller et, quand je suis revenue, Balpesh s'occupait de toi. Au bout d'un moment, il a dit que tu allais te remettre, et m'a demandé de te nourrir à ton réveil. Alors, je suis restée, et tu as fini par rouvrir les yeux. Et voilà. Viens, on va aller te trouver de quoi manger.

Randal se leva. Il se sentait faible et la tête lui tournait. Lys, voyant qu'il chancelait, le soutint. Ils descendirent les escaliers et pénétrèrent dans la cuisine. Des bouquets d'herbes séchées étaient accrochés aux poutres du plafond et un feu brûlait dans la cheminée. Deux miches de pain sortant du four refroidissaient sur une planche à découper. Walter, vêtu d'une tunique propre, était attablé devant une grande assiette d'œufs brouillés.

Il leva le nez à l'arrivé de Randal :

– Je dois reconnaître que ton ami est bon cuisinier.

– C'est ce dont vous avez le plus besoin, tous les deux, intervint Balpesh, assis près du feu. Bien manger pour bien récupérer.

Randal s'installa à table, et Lys lui servit des œufs et du lait. Pendant de longues minutes, en silence, il s'employa à calmer sa faim. Puis il but d'un trait la moitié de son lait.

– Je suis content que tout soit fini, dit-il. Pendant un moment, j'ai bien cru qu'aucun de nous n'en sortirait vivant. Pas plus tard que cette nuit, j'ai fait des rêves pleins de mort et de destruction.

Walter lui lança un coup d'œil.

– Tu as encore rêvé ? s'alarma-t-il. J'espère que ce n'était pas le même genre de cauchemar prémonitoire que celui du tournoi.

– Je ne sais pas, répondit lentement Randal. C'était très étrange. Et mes rêves ont généralement un sens.

Comme Walter continuait de le regarder d'un air inquiet, Randal entreprit de lui raconter ce qu'il avait rêvé.

– C'était tellement réel ! conclut-il. Je ne comprends pas que ma boule de feu ait pu me faire si mal sans me tuer pour autant.

– Certains rêves ne sont que des rêves, dit Balpesh, qui ne s'était pas encore mêlé à la discussion. Tu as seulement rêvé que tu lançais une boule de feu. En réalité, tu dormais, en toute sécurité. Si tu t'étais battu pour de vrai contre un démon, tu ne serais pas sorti du duel indemne. Ce que tu as vécu n'était qu'un pénible cauchemar, rien de plus.

« Selon maître Madoc, tous les rêves ont une signification », se rappela Randal. Mais il préféra abandonner le sujet. Rassasié d'œufs, de lait et de pain, il se sentit ragaillardi, plus vigoureux qu'il ne l'avait été depuis des mois.

Le repas terminé, Balpesh se leva et lui fit signe d'approcher.

– Maintenant, annonça-t-il, toi et moi avons du travail. Il faut réparer le pont et finir de déblayer le sentier. Sais-tu pratiquer les sorts de lévitation ?

– En principe, répondit Randal, mais je ne l'ai jamais fait sur des objets lourds.

– Alors, c'est le moment ou jamais de t'entraîner. Viens.

Ils traversèrent la cour de ferme silencieuse et suivirent le chemin qui menait jusqu'au ravin. Le soleil matinal, surgissant derrière les montagnes, éclairait d'une douce lumière jaune les pans déchiquetés du pont.

– L'effondrement du pont a été le premier signe de l'arrivée du démon, l'informa Balpesh. À présent, nous devons le reconstruire.

C'était une belle et chaude journée. Le maître sorcier appela les débris du pont un par un pour les remonter du fond de la gorge. Randal constata que sa propre magie n'était pas assez puissante pour atteindre les blocs de pierre à cette distance, et se contenta de boucher les fissures qui parcouraient la surface du pont.

Lorsqu'ils remirent en place la dernière pierre, le soleil était au zénith. Les deux sorciers se tenaient au milieu du pont, et Balpesh déclara :

– Il y a encore une chose que tu dois savoir.

– Quoi donc ?

– Tes amis sont morts. Tu as délivré le mauvais sorcier.

Chapitre 10 : Compagnon sorcier

« J'ai délivré le mauvais sorcier ! ». Randal resta figé, le regard fixé sur le visage de Balpesh. Le maître sorcier lui souriait, mais ses yeux avaient quelque chose d'anormal ; indéchiffrables, ils étaient d'un noir sépulcral, sans aucun blanc autour de l'iris.

« Des yeux de démon. »

La peau du vieil homme se fendit et se détacha, et Éram, tel un hideux papillon, émergea de sa chrysalide humaine. Le prince démon s'avança, sa présence malfaisante semblant aspirer toute la beauté du monde sur son passage.

« Il n'y a plus personne pour l'arrêter, paniqua Randal. Personne d'autre que moi. Peut-être était-ce cela, le sens de mon rêve. »

Balpesh avait soutenu que son rêve ne voulait rien dire ; mais Balpesh était mort dans le bureau secret, et le démon s'était approprié son visage. « Et il voulait que j'oublie mon rêve. Il contenait quelque chose d'important, mais je n'arrive pas à me souvenir... »

Éram partit d'un grand rire, se délectant de la peur de sa victime, et sortit ses griffes couleur d'ivoire :

– Et maintenant, petit sorcier, je vais boire ton sang.

Randal demeurait cloué sur place. « Il faut que je me souvienne, s'exhorta-t-il, ou je vais mourir ! »

À l'instant précis où les griffes acérées traçaient délicatement une première estafilade sur son cou, la mémoire lui revint. « Je dois mourir pour le tuer. C'est ça, la réponse qu'Éram voulait me faire oublier. »

Il projeta une boule de feu, comme dans son rêve, non pas sur le démon, mais sur le pont à ses pieds. Sous l'effet de la chaleur, la pierre se fendit, puis s'entrouvrit. Au-dessous d'eux, l'arche centrale s'inclina. Éram recula d'un bond en grognant, mais Randal s'agrippa à lui. L'univers entier parut alors s'écrouler dans un bruit de tonnerre, et les pierres du pont dégringolèrent dans le gouffre, emportant avec elles Randal et Éram. Sans lâcher le démon, le jeune sorcier récita un sort de négation afin de rendre inopérant tout sort destiné à les sauver, qu'il soit jeté par lui ou par Éram.

Enfin, au terme de sa chute, Randal se réveilla, de retour dans la réalité.

De nouveau, il était allongé dans la chambre de Balpesh. Les coins de la pièce, faiblement éclairée par la flamme jaune des bougies, étaient plongés dans l'obscurité nocturne. Lys, Walter et Balpesh se penchaient sur lui.

Le maître sorcier paraissait au bord de l'épuisement.

– Nous avons failli te perdre, dit-il. Mais tu es revenu.

– Le démon, murmura Randal. Éram. Je l'ai vu dans mon rêve…

Il raconta à Balpesh tout ce qui s'était passé depuis le moment où il s'était allongé près de Walter. Il parlait d'une voix faible et hachée, tant chaque respiration lui faisait mal aux côtes et à la poitrine. Enfin, il conclut :

– J'ignore toujours si le démon de mon rêve était réel ou non.

Le sorcier hocha la tête :

– Il n'était que trop réel. Le sort que nous avons jeté dans le bureau pour le renvoyer dans son univers n'était pas assez puissant. Éram a eu le temps de préparer un nouvelle brèche pour revenir ici. Si tu ne l'avais pas arrêté dans son propre monde, il aurait pu parvenir à ses fins et nous détruire tous.

– Alors, ce n'était pas vraiment un rêve…

– Pas au sens où les gens l'entendent habituellement, confirma Balpesh. Tu sembles posséder un don naturel pour te glisser d'un univers à un autre, et dans le cas présent, cela a joué en ta faveur. Et en la nôtre aussi ! Je te suis redevable de m'avoir sauvé. À présent, il faut soigner tes blessures. Ensuite seulement nous parlerons de tout ce qui s'est produit ici.

Randal fronça les sourcils, doutant d'avoir bien compris les paroles du sorcier :

– Mes blessures ? Quelles blessures ?

C'est Walter qui lui répondit. Le visage du jeune chevalier, bien qu'encore pâle, n'était plus marqué par la fièvre et la souffrance. Seul son bras droit en écharpe, enveloppé de lin blanc, rappelait sa fracture.

– À l'heure qu'il est, mon cousin, tu portes plus de bandages que moi.

– Voilà qui explique pourquoi j'ai mal partout, murmura Randal. Que s'est-il passé ?

– Je ne sais pas, répondit Walter. La dernière chose dont je me souvienne, c'est d'avoir regardé par la porte du bureau secret et de t'avoir vu aux prises avec l'être le plus horrible qu'on puisse imaginer, et il riait. Je l'ai frappé, et puis je me suis réveillé ici, les idées claires, pendant qu'un monstre invisible te taillait en pièces.

– Je vous avais pourtant demandé de descendre ! grommela Randal.

Il ne put s'empêcher de rire, malgré la douleur que cela provoqua dans sa poitrine lacérée.

– Ne compte pas sur moi pour te tirer d'affaire la prochaine fois que tu es en difficulté ! Mais, pour cette fois-ci, je te pardonne. Si tu n'avais pas identifié le démon à ma place…

Il laissa sa phrase en suspens.

– On tient de beaux discours sur la justesse et la subtilité des dons d'observation d'un sorcier, intervint Balpesh en souriant. Or, l'illusion créée par le démon avait précisément pour but de tromper un sorcier. Cette même illusion était sans effet sur ton cousin.

– Un coup de chance pour moi, soupira Randal.

– Vous avez été remarquables tous les trois, les félicita Balpesh. Si Walter n'avait pas transpercé les défenses du démon avec son épée, et si Lys n'avait pas détourné son attention à un moment crucial en lançant ce chandelier, je crois qu'aucun de nous ne serait encore en vie. Mais c'est ta magie, Randal, ajoutée à la mienne, qui a renvoyé cette créature monstrueuse d'où elle venait.

– Certaines choses m'échappent, avoua Lys.

Le vieux sorcier la regarda avec bienveillance, l'invitant à poursuivre.

– Comment se fait-il que j'aie réussi à entrer dans la tour par la fenêtre ? Randal avait affirmé que cet endroit devait être saturé de sorts de protection. Si j'étais un maître sorcier, moi aussi, j'utiliserais des sortilèges pour défendre l'accès de ma maison à tout étranger.

– En effet, cette tour est protégée par des sorts puissants, et même mortels, répondit Balpesh. Mais ils s'activent uniquement contre ceux dont les desseins sont maléfiques. Si vous étiez venus pour voler mes cuillers, je vous assure que vous ne seriez pas entrés aussi aisément. Or, vous aviez les meilleures intentions du monde : vous veniez solliciter de l'aide pour un ami. Mais assez parlé ! Randal doit se reposer, pour que mes sorts de guérison agissent. Nous aurons tout le temps de discuter demain.

– Juste une chose, le retint Randal. Dans mon rêve, j'ai vu un arbre étrange : un chêne, un sorbier et un frêne, qui avaient poussé tous les trois en un seul arbre. Quel sens cela a-t-il ?

– À mon avis, il représente l'amitié qui vous lie, Walter, Lys et toi. Walter, solide et fiable, c'est le chêne. Lys, menue et pleine de ressources, c'est le frêne ; et tu es le sorbier, l'arbre de la magie.

– Quelqu'un s'était attaqué au sorbier. J'ai vu des traces de coups de hache. Quelle en est l'explication ?

– C'est parce que Laerg a failli t'abattre. Mais tu t'en es bien remis. Ta vision a aussi un autre sens : vous êtes tous trois voués à jouer un rôle ensemble ; lequel, je n'en ai pas la moindre idée.

Le sorcier fit une pause avant de conclure :

– Plus de questions pour cette nuit. Dors, maintenant.

Randal posa sa tête sur l'oreiller et s'endormit d'un sommeil sans rêves.

Les jours suivants passèrent à toute vitesse. Randal se rétablissait de sa lutte contre le prince démon. Les traces de griffes sur sa poitrine et ses épaules s'estompèrent sans laisser de marques, ce qui témoignait des talents de guérisseur de Balpesh. Le maître sorcier profita de l'occasion pour enseigner à Randal les rudiments de son art, notamment les sorts permettant d'arrêter les saignements et de refermer les plaies.

– L'art des guérisseurs est la science la plus noble de la sorcellerie, confia-t-il à Randal au cours d'une séance pratique. Malheureusement, parmi les sorciers formés par la Schola, peu choisissent d'emprunter cette voie.

Balpesh examina la cicatrice qui barrait la main de Randal.

– Veux-tu que je la fasse disparaître ? lui proposa-t-il. Ce n’est pas compliqué.

– Non, répondit Randal après un moment de réflexion. Elle est laide et elle me fait mal, mais je préfère la garder. Elle me rappelle que tout choix a ses conséquences.

Cette réponse fit sourire le vieux sorcier, comme si Randal, sans le savoir, avait réussi un test.

– Viens avec moi. Il est temps d’aller réparer le pont. Toi et tes amis devez bientôt reprendre la route.

Tous deux quittèrent le bureau, traversèrent la bibliothèque et descendirent au rez-de-chaussée. La porte donnant sur l’extérieur était ouverte, et Lys, assise sur le seuil, chantait en jouant du luth :

Me voici de retour,
dit-il, mon bel amour.
L’océan salé j’ai quitté
Pour te retrouver.

Dans la cour, Walter s’entraînait avec sa lourde épée, la faisant tournoyer d’une main en une série de coups visant un adversaire imaginaire. Le jeune chevalier se servait sans la moindre gêne de son épaule, que la guérisseuse de Tavenne avait pourtant jugée irréparable, et il ne semblait pas loin d'avoir recouvré toute sa force et son agilité.

Balpesh se tourna vers Randal :

– Une dernière chose, avant de nous atteler à la réfection du pont.

Le maître désigna des coffres et des boîtes entassés contre le mur.

– Va regarder dans cette boîte, tout en haut de la pile. Le sort de fermeture n'est pas très difficile à rompre.

Randal s'exécuta. En effet, le sort qui verrouillait la boîte n'était pas plus complexe que ceux utilisés par les apprentis de la Schola pour mettre leurs affaires à l'abri d'une fouille éventuelle. Randal le neutralisa au bout de quelques instants de concentration. Le couvercle se souleva, révélant une robe de simple drap noir.

– Mets-la, lui dit Balpesh.

Randal l'enfila par-dessus sa tunique et ses chausses. Tombant sur ses mollets, avec ses larges manches et ses grandes poches de chaque côté, elle ne différait guère des robes des apprentis sorciers. Toutefois, elle était taillée dans une étoffe plus épaisse, et comportait une capuche en guise de protection contre la pluie et le froid.

« C'est une robe de compagnon », réalisa Randal. En vérifiant le contenu de la boîte, il y découvrit autre chose, que la robe avait caché à sa vue : un petit livre relié de cuir. Il le prit, l'ouvrit et y reconnut son écriture.

– Mon livre de magie ! s'exclama-t-il. Je l'avais laissé à la Schola.

Il regarda Balpesh :

– Comment la robe et le carnet sont-ils arrivés ici ?

– Le jour où j'ai étrenné ma robe de maître, il y a de cela cinquante ans, j'ai rangé celle-ci dans ce coffre, que j'ai fermé par un sort élémentaire. Ensuite, j'ai jeté un autre sort pour qu'en rouvrant le coffre, on y retrouve non seulement ma vieille robe, mais aussi l'objet qui serait le plus utile au compagnon qui la porterait. Et ce jour est arrivé.

– Alors, je suis un compagnon pour de bon ? souffla Randal, incrédule. Quand j'ai lu ce que vous aviez écrit dans votre journal, j'ai cru que vous ne me laisseriez pas réutiliser ma magie.

Le maître sorcier le considéra d'un air grave :

– Comme tu t'en es rendu compte, j'étais au courant de tes ennuis, et j'ai suivi ton parcours pendant tout ton voyage. Mais, quand le démon est arrivé, je n'avais toujours pas décidé si je t'accorderais ou non la permission. Ce n'est pas vraiment l'incident de l'épée qui me préoccupait, mais plutôt la crainte que Laerg ne t'ait corrompu. Or, non seulement tu as tenu ta promesse de ne pas recourir à la magie, mais tu as combattu le démon en prenant de grands risques, et dans notre monde, et dans le sien.

Il sourit à Randal :

– Et maintenant, compagnon, allons réparer le pont !

Randal glissa le carnet dans la poche de sa robe et suivit Balpesh dans la cour. Lys s'arrêta de chanter sur leur passage, et Walter interrompit son entraînement pour aller observer son cousin de plus près.

Randal attendit patiemment qu'il ait terminé son inspection. Le visage du jeune chevalier s'éclaira d'un sourire :

– Je crois que j'ai perdu mon écuyer. Je me réjouis pour toi, Randal, mais tu vas me manquer sur les routes.

– Je t'aurais bien accompagné quelque temps, mais ce n'est pas en assistant à des tournois que je perfectionnerai ma magie. Et, avant d'aller où que ce soit, je dois aider maître Balpesh à reconstruire le pont.

Walter rentra son épée dans son fourreau.

– J'aimerais bien voir cela, fit-il. Depuis que je sais que tu es un sorcier, je rêve de te voir pratiquer la magie, et l'occasion se présente enfin.

– Je viens aussi ! s'exclama Lys. Il suffit que je te quitte des yeux pour qu'il arrive une catastrophe.

Maître Balpesh partit d'un petit rire :

– Nous irons donc tous ensemble.

Prenant le chemin du ravin, ils passèrent entre les hautes collines qui encerclaient la tour, et descendirent les marches de pierre taillées à même le roc. Dans la lumière limpide du matin, le pont en ruine avait un air désolé.

Maître Balpesh fronça les sourcils devant l'ampleur des dégâts :

– Dis-moi, Randal, as-tu déjà regardé des maçons construire un pont ?

– Non, fit le garçon.

– Alors, tu vas prendre ta première leçon de compagnon, déclara le maître sorcier. Au cours de tes voyages, observe tout, et pas seulement les petits effets de magie dont tu seras le témoin ; si tu comprends comment une chose est fabriquée sans l'aide de la magie, tu sauras aussi comment la réaliser avec la magie.

Balpesh désigna le ravin et les tas de pierres échouées de chaque côté.

– Prenons les ponts, par exemple, poursuivit-il. Pour les construire, les maçons commencent par dresser juste au-dessous de la travée une plate-forme en bois, qui soutient les pierres à leur place définitive en attendant la fin des travaux. Aussi, je veux que tu fabriques une plate-forme magique, en faisant léviter les pierres pour qu'elles restent en place jusqu'à la pose de la clé de voûte. Une fois cette pierre installée, ce ne sera plus la magie qui fera tenir le pont, mais les lois de la physique.

Randal hocha la tête et consulta son carnet. Oui, les mots du sort de lévitation s'y trouvaient, tels qu'il les avait copiés pendant le cours de maître Tarn. Il remit le carnet dans sa poche et s'approcha du bord du ravin. Après avoir pris le temps de libérer son esprit, il prononça la formule, accomplit les gestes, et se concentra pour soumettre la réalité à sa volonté.

– *Fiat !* conclut-il.

Aussitôt, il ressentit l'agréable sensation de chaleur mentale signalant la réussite d'un sort. Il adressa un signe de tête à maître Balpesh et, posté devant l'abîme au milieu du pont, regarda le maître sorcier découper des pierres dans la paroi rocheuse en recourant à la magie. Les blocs se détachaient et s'élevaient d'eux-mêmes jusqu'au niveau du pont. Un à un, ils vinrent s'emboîter les uns dans les autres sur la plate-forme invisible créée par Randal.

Enfin, Balpesh plaça la clé de voûte dans l'arche et annonça :

– C'est terminé.

Randal mit fin à son sort de lévitation et s'assit lourdement par terre. Il appuya la tête sur ses genoux et resta ainsi un moment, reprenant son souffle. Le sort lui avait coûté plus d'énergie qu'il ne l'aurait imaginé.

– Tu manques d'entraînement, lui dit gentiment Balpesh, et ton combat contre le démon t'a épuisé. Ta force et tes ressources magiques reviendront à mesure que tu retravailleras sur ta magie et que tu gagneras de l'expérience.

Le maître sorcier se tourna vers Walter.

– As-tu suffisamment admiré ton cousin à l'œuvre ? lui demanda-t-il avec douceur.

Puis il secoua la tête sans attendre la réponse :

– Ah, bien sûr, tu n'as pas vu ce qu'il a réalisé.

Tu es prêt à croire que le pont n'aurait pu être réparé ainsi sans l'intervention de sa magie, mais tu le crois avec ton esprit, et non avec ton cœur.

Il regarda Randal.

– Prends ceci, dit-il en tirant deux glands de sa poche, et fais repousser mes arbres. C'est un sort que tu connais, à ce qu'il me semble.

Randal soupesa les glands dans sa main. Il gagna l'emplacement où s'était dressé le sapin foudroyé et enfonça l'un des glands dans un petit coin de terre entre les rochers. Puis il traversa le pont, dont il éprouva la stabilité, goûtant la satisfaction d'avoir accompli quelque chose de concret.

De l'autre côté, où ne demeurait que la souche, il enfouit le second gland dans un creux du tronc amputé. Puis il revint sur ses pas, s'arrêta au milieu du pont et prononça les paroles de vie et de fertilité que Laerg lui avait enseignées dans la bibliothèque de la Schola. Une pousse verte jaillit de chacun des glands, et bientôt, comme si vingt ans avaient passé en une minute, les pousses devinrent de jeunes arbres couverts de feuilles, fermement enracinés dans les fissures des rochers. Les chênes jumeaux portaient une ramure harmonieuse, et leurs feuilles vert tendre murmuraient dans la brise rafraîchissante.

Randal rejoignit ses amis sur la route de la tour.

– Beau travail ! le félicita Balpesh.

Le jeune sorcier sourit malgré son épuisement. Cependant, plus encore que l'approbation du maître, ce furent le regard ébahi de Walter et l'expression de fierté de Lys qui le touchèrent.

Quelques jours plus tard, Randal, Lys et Walter se trouvaient de nouveau à l'entrée du pont, habillés de leurs vêtements de voyage.

– Je me rends à Cingestoun, annonça Randal. Il y a là-bas une université et une bibliothèque où je pourrai passer une semaine reposante, à fouiller dans les parchemins et les manuscrits.

– Je t'accompagne, déclara Lys. Tu as besoin de quelqu'un qui te tienne à l'écart des ennuis.

– Il semble que je n'aie pas voix au chapitre, fit-il, amusé.

Il se tourna vers son cousin :

– Et toi, Walter ? Nous pouvons au moins voyager ensemble jusqu'à Tavenne. Avant de poursuivre ton chemin, tu dois aller y récupérer ton cheval et ton armure.

– Et peut-être apprendras-tu aussi où se trouve messire Réginald, ajouta Lys. Car si c'est lui qui a essayé de te tuer…

– J'ai un compte à régler avec messire Réginald, acquiesça Walter. Mais ma dette envers maître Balpesh est prioritaire.

En riant, il poursuivit :

– J'ai commis l'erreur de lui demander si je pouvais faire quoi que ce soit pour le remercier de m'avoir guéri. Et il a sollicité de ma part « un petit service », pour reprendre ses termes.

– Que t'a-t-il demandé ? s'enquit Randal.

– Je dois aller rendre un livre qu'il a emprunté à un ermite des îles de l'Ouest, répondit le chevalier. À côté de ce périple, ceux dont parlent les chansons des ménestrels sont de simples promenades. Personne n'a voyagé de Carnouguel jusqu'aux îles de l'Ouest depuis plus de cent ans. Je croyais même que cet ermite appartenait à la légende.

Randal se rappela l'arbre magique de son rêve, aux trois troncs enchevêtrés.

– As-tu besoin de la compagnie d'un sorcier ? demanda-t-il.

– Non, dit Walter. C'est un voyage que je dois faire seul.

– Je sais que tu y arriveras, dit Randal. Et, un jour, nous cheminerons de nouveau tous les deux. En attendant, nous avons chacun notre route à suivre.

Le cœur léger, il posa un pied sur le pont de pierre. « J'ai retrouvé ma magie, songea-t-il joyeusement. Walter a reçu les soins pour lesquels il avait couru tant de risques, et nous avons le monde entier à explorer. »

Ensemble, ils prirent le chemin qui descendait des montagnes, dans la lumière d'une radieuse journée.

Imprimé en R.F.A par Clausen & Bosse